Dr. Johannes Wimmer

Stressfrei
durch den Alltag
Mein 30-Tage-Kurs

INHALT

VORWORT 4

TAG 1 WAS BEDEUTET STRESS? 6

TAG 2 DEINE STRESSOREN UND DU 11

TAG 3 STRESSRESISTENZ UND RESILIENZ 16

TAG 4 VERHALTEN, DAS STRESS VERSTÄRKT 22

TAG 5 RICHTIG ATMEN GEGEN STRESS 27

TAG 6 LEISTUNGSANSPRÜCHE UNSERER ZEIT 31

TAG 7 WARUM STRUKTUREN WICHTIG SIND 36

TAG 8 WAS DU HEUTE KANNST BESORGEN 42

TAG 9 ENERGIERÄUBER ERKENNEN 47

TAG 10 DEINE ANSPRÜCHE 52

TAG 11 STÖRQUELLEN DES ALLTAGS 57

TAG 12 ENTSCHEIDUNGEN TREFFEN 62

TAG 13 DEIN LEBENSSTIL 67

TAG 14 ÜBUNGEN GEGEN AKUTEN STRESS 72

TAG 15 DEIN ENERGIEFASS 75

TAG 16 GESUNDER EGOISMUS 80

TAG 17 BEWEGUNG GEGEN STRESS 85

TAG 18 EINE POSITIVE GRUNDEINSTELLUNG 92

TAG 19 KONFLIKTE UND WAS SIE MIT DIR MACHEN 96

TAG 20 GRENZEN SETZEN UND SCHÜTZEN 102

TAG 21 DIE MACHT DER BERÜHRUNG 105

TAG 22 PROGRESSIVE MUSKELENTSPANNUNG 109

TAG 23 DAS PRINZIP DER SELBSTWIRKSAMKEIT 112

TAG 24 ZEITFRESSER ERKENNEN, PRIORITÄTEN SETZEN 117

TAG 25 WELCHER CHRONOTYP BIST DU? 121

TAG 26 WIE DU ERWARTUNGSDRUCK REDUZIERST 127

TAG 27 DER STRESS DER ANDEREN 132

TAG 28 MUT ZUR LÜCKE 135

TAG 29 DEIN WERKZEUGKOFFER GEGEN STRESS 136

TAG 30 BLICK ZURÜCK MIT STOLZ 140

Vorwort

Ein paar einführende Worte für dich

„Wer am meisten Stress hat, hat gewonnen!" In unserer Leistungsgesellschaft gilt Stress als Qualitätsmerkmal für harte Arbeit, Leistungsfähigkeit und Erfolg. Und tatsächlich kann er dich unter Umständen zu Höchstleistungen antreiben. In den meisten Fällen bewirkt Stress aber, besonders wenn er von Dauer ist, genau das Gegenteil. Wer nämlich ständig unter Strom steht, wird unkonzentriert, nervös, fahrig und im schlimmsten Fall sogar mental und körperlich krank. Es stellt sich also die Frage, in welchen Situationen und vor allem in welcher Dosierung Stress der Treibstoff ist, der dich voranbringt, und wann er zum Bremsklotz wird, der dir das Leben schwer macht.

In den nächsten 30 Tagen werden wir diese beiden Fragen genau unter die Lupe nehmen und versuchen, sie ausführlich zu beleuchten und zu beantworten. Wir machen uns gemeinsam auf Spurensuche, um die Faktoren zu entlarven, die dich persönlich regelmäßig unter Stress setzen. Die Betonung liegt dabei auf „persönlich", denn Stress ist sehr, sehr individuell. Dinge, die meinen Puls auf 180 schießen lassen, lassen dich vielleicht komplett kalt. Und während ich in einer bestimmten Situation die Ruhe selbst bin, schlägt dir das Herz bis zum Hals. Ein allgemeingültiges Patentrezept gegen Stress gibt es also leider nicht. Das war die schlechte Nachricht. Aber das macht gar nichts! Denn mit bestimmten Strategien und Methoden kannst du für dich deinen ganz eigenen Weg finden, weniger gestresst durch den Alltag zu gehen. Und das Beste daran ist: Je nach Lebenslage und Situation kannst du deine Strategien immer wieder neu denken, anpassen und abwandeln – vorausgesetzt, du besitzt ein breites Repertoire an persönlichen Anti-Stress-Methoden und -Ritualen und weißt, wo deine Stressauslöser lauern.

In den kommenden 30 Tagen kommen wir deinem Stress also gemeinsam auf die Spur. Ich begleite dich auf diesem Weg, Tag für Tag und Schritt für Schritt. Es gibt viele verschiedene Übungen gegen chronischen und akuten Stress sowie Überlegungen und Analysen deiner Alltagsstrukturen. Auf diese Weise werden wir gemeinsam herausfinden, an welchen Stellschrauben noch gedreht werden muss, um dein Streslevel dauerhaft zu senken.

Also: Lass uns loslegen!
Ich freue mich drauf!

♡

Stress ist nicht gleich Stress. Er kann uns fix und fertig machen – aber auch beflügeln

Hallo und herzlich willkommen zu deinem persönlichen Anti-Stress-Coaching. Ich gehe jetzt einfach mal davon aus, dass du aktuell wahrscheinlich unter Dauerstrom stehst, dass du vielleicht nicht mehr weißt, wie du all die Termine und Aufgaben bewältigen sollst, die im Alltag so anstehen. Oder aber, du bist hier, weil du merkst, dass du garantiert unter Dauerstress geraten wirst, wenn es so weitergeht, und suchst nach einem Weg, um dies zu verhindern. Ganz egal, was der Grund ist, es ist toll, dass du da bist. Denn du hast erkannt, dass Stress dein Leben nicht bestimmen sollte, und du möchtest etwas ändern. Und das ist super! Denn Stress belastet uns nicht nur psychisch, sondern auch körperlich. Chronischer Stress kann sogar verschiedene Krankheiten begünstigen:

- HERZ-KREISLAUF-ERKRANKUNGEN WIE BLUTHOCHDRUCK, KORONARE HERZKRANKHEIT UND HERZINFARKT
- TYP-2-DIABETES
- ESSSTÖRUNGEN
- KOPF- UND RÜCKENSCHMERZEN DURCH MUSKULÄRE VERSPANNUNGEN
- STÖRUNGEN IM BEREICH DER SINNESORGANE WIE ERHÖHTEN AUGENINNENDRUCK, OHRGERÄUSCHE ODER SOGAR EINEN HÖRSTURZ
- PSYCHISCHE ERKRANKUNGEN WIE ANGSTSTÖRUNGEN ODER DEPRESSIONEN

Der Grund dafür ist vermutlich die nicht abgebaute Energie, die bei Stress im Körper entsteht. Als die Natur den Stress erfunden hat, hat sie sich nämlich durchaus etwas dabei gedacht. In früher Menschheit war die Stressreaktion überlebenswichtig. Denn Stress entsteht, wenn Gefahr droht. Wenn das Mammut hinterm Busch hervorstürmte, musste schnell reagiert werden. Es gab nur zwei Möglichkeiten: Flucht oder Kampf. Beides ziemlich anstrengend, also versucht dein Gehirn, deinen Körper so in Gang zu kriegen, dass du die besten Chancen hast, den Kampf zu gewinnen oder schneller als das Mammut zu sein. Und deshalb lässt es in kürzester Zeit jede Menge Stresshormone, wie Cortisol, Noradrenalin und Adrenalin, im Blut ansteigen. Dadurch erhöhen sich der Fett- und der Blutzuckerspiegel, was Energiereserven mobilisiert, um die Versorgung des Gehirns zu sichern. Außerdem gehen Herzfrequenz und Blutdruck nach oben, um Körper und Muskulatur optimal mit Sauerstoff und Nährstoffen zu versorgen. Deine Atmung wird beschleunigt, deine Sinne werden geschärft, und du bist zu Höchstleistungen imstande. Und – und das finde ich persönlich super spannend – Körperfunktionen, die jetzt eher stören würden, wie die Verdauung oder der Fortpflanzungstrieb, werden gehemmt. Bedeutet: Kein Kuscheln und kein Klo, wenn das Mammut kommt. Es geht ums blanke Überleben. Sobald die Gefahr vorüber ist, fällt die gesamte Anspannung wieder ab. Dann hast du entweder den Kampf für dich entschieden oder bist schneller gerannt als Speedy Gonzales – oder, wenn's dumm gelaufen ist, hat das Mammut gewonnen.

So weit, so gut – wenn da nicht die Tatsache wäre, dass wir heute kaum noch kämpfen oder flüchten müssen, weil es eben nicht mehr das Mammut ist, das uns unter Stress setzt. Heute entsteht dein Stress durch Termine, Verpflichtungen, Überforderung, Konflikte und, und, und. Wenn wir über Stress reden, müssen wir also neben dem biologischen Stressmodell auch psychologische Stressmodelle betrachten. Das biologische Modell beschreibt die Prozesse, die im Körper ablaufen. Die psychologischen Stressmodelle hingegen beschreiben, welche Reize als Stressoren wahrgenommen und wie sie verarbeitet werden. Denn Stress ist abhängig davon, was von einer Person als Stress wahrgenommen wird. Gemäß dem *Transaktionalen Stressmodell* des amerikanischen Psychologen Richard S. Lazarus entsteht Stress zum Beispiel dann, wenn du eine Situation als herausfordernd erlebst und nicht direkt weißt, wie du mit ihr umgehen sollst. Deshalb kann tatsächlich jede Situation einen Stressor beziehungsweise einen Stressauslöser darstellen.

Das Problem ist, dass deine körperliche Alarmbereitschaft, die unter jeder Art von Stress entsteht, nur über einen kurzen Zeitraum aufrechterhalten werden kann. Danach braucht dein Körper eine Erholungspause. Ist dein Organismus aber ständig der erhöhten Aktivierung ausgesetzt, weil dich Konflikte belasten, dein Job dich auslaugt oder die To-do-Liste viel zu lang ist, dann fallen diese wichtigen Erholungspausen weg. Wenn du also chronischen Belastungen ausgesetzt bist, bleibt das erhöhte Erregungsniveau dauerhaft bestehen, und du hast keine Chance, deine Akkus wieder aufzuladen. Hier sprechen wir von negativem Stress, beziehungsweise von **Distress**. Wenn wir in einer stressigen Situation nicht wissen, wie wir sie aus eigener Kraft auflösen können, fühlen wir uns überfordert, hilflos und haben Selbstzweifel. Und das ist auf Dauer absolut belastend. Allerdings kann Stress auch seine guten Seiten haben und dich regelrecht beflügeln. In diesem Fall handelt es sich um positiven Stress, auch **Eustress** genannt. Dann stehen wir in einer stressigen Situation zwar auch unter Strom, wir empfinden sie aber nicht als unangenehm, weil wir wissen, wie der Hase läuft. Dann arbeitest du motiviert, weißt, was zu tun ist, bist aufmerksam und handlungsfähig.

Du siehst, Stress wird nicht nur von Person zu Person unterschiedlich gewertet, sondern Stress ist auch nicht gleich Stress. Und das bedeutet: Es gibt kein Patentrezept gegen Stress. Aber es gibt ganz viele Übungen, Strategien und Methoden, die dir dabei helfen können, deine eigene Taktik zu entwickeln, um in Zukunft besser mit Stress umzugehen beziehungsweise ihn zu reduzieren. Und darum geht es in diesem Coaching. In den nächsten Wochen analysieren wir, was, wer oder welche Situationen dich persönlich unter Stress setzen und welche Strategien und Übungen dir helfen können, deinen Stress unter Kontrolle zu bekommen. Als Unterstützung habe ich an den meisten Tagen ein Arbeitsblatt mit kleinen Extraaufgaben, Übungen, Tipps und Tricks für dich.

Ach, eine Sache noch – du hast es vielleicht schon bemerkt, ich duze dich hier. Das tue ich aus einem ganz einfachen Grund: Allein die Tatsache, über den eigenen Stress nachzudenken, kann schon Stress auslösen. Und deshalb möchte ich, dass wir uns hier in einer entspannten und vertrauten Atmosphäre bewegen. Denn ich freue mich wie gesagt sehr, dass du da bist. Und ich möchte für dich da sein. Gemeinsam bekommen wir das Schreckgespenst in den Griff, ich glaube fest an dich!

Also, bis morgen, ich bin gespannt auf unsere gemeinsame Reise!

WORAN ERKENNST DU, OB DU GESTRESST BIST?

Um seinen persönlichen Stresspegel zu erkunden, ist es wichtig, sich erst einmal ehrlich selbst zu beobachten – und zwar auf vier verschiedenen Ebenen:

1. DIE KÖRPERLICHE EBENE:
Bist du angespannt, zittrig, schlägt dein Herz schneller oder schwitzt du vielleicht sogar vermehrt?

3. DIE GEFÜHLSEBENE:
Fühlst du dich ausgelaugt, kraftlos, überfordert, hilflos und könntest einfach nur weinen?

4. DIE VERHALTENSEBENE:
Arbeitest du hastig, bist ineffektiv und oft nicht bei der Sache? Oder reagierst du gereizt, unterbrichst andere im Gespräch oder wirst schnippisch?

2. DIE GEDANKLICHE EBENE:
Plagen dich Gedanken wie „Das schaffe ich sowieso nicht" oder „Ich weiß überhaupt nicht, wo ich anfangen soll!"?

Wenn du auf einer oder sogar auf mehreren der vier Stressebenen Hinweise auf Stress findest, dann ist es Zeit für eine Pause. Und zwar jetzt. Denk immer daran: Auf lange Sicht verkraftet dein Körper das erhöhte Energielevel nicht, er braucht Regenerationsphasen, um sich zu erholen.

Mein Tipp

Wenn du akuten Stress empfindest, reicht oft schon eine kurze Runde um den Block, um den Wahnsinn wenigstens kurz zu unterbrechen.

*Lass uns auf Spurensuche gehen
und herausfinden, was dich stresst*

Hallo und schön, dass du wieder da bist. Gestern haben wir ja schon darüber gesprochen, wie unterschiedlich das Stressempfinden von Mensch zu Mensch sein kann. Und vielleicht fragst du dich deshalb auch, wie genau unsere gemeinsame Zeit dir dabei helfen soll, deinen persönlichen Stress zu reduzieren beziehungsweise zu lernen, entspannter mit ihm umzugehen. Ich sag es dir: Auch wenn Stress und Stressempfinden super individuell sind – die Auseinandersetzung mit deinen Stressauslösern und die Übungen, um sie in den Griff zu bekommen, können ganz allgemein angewendet werden. Klar, bei der einen oder anderen Übung wirst du vielleicht feststellen, dass sie dir etwas weniger hilft als andere Übungen, aber so ist es nun mal. Jeder Mensch muss für sich herausfinden, was ihm guttut. Und das funktioniert am besten, wenn man Dinge ausprobiert. Heute nehmen wir aber erst mal deinen Stress genauer unter die Lupe.

„Stress" ist eigentlich ein ziemlich schwammiger Begriff. Alles kann irgendwie stressig sein. Der Wocheneinkauf, der Haushalt, die Benzinpreise, der Spagat zwischen Job und Familie, das Weltgeschehen und, und, und … Die Frage ist auch, was genau einen stresst. Was findest du zum Beispiel beim Einkaufen stressig? Sind es die anderen Menschen? Liegt es am Zeitmangel? Oder daran, dass du keine Liste schreibst und dann planlos durch die Regale streifst? Du siehst: Hinter dem Stressauslöser „Einkaufen" stecken gleich mehrere Faktoren.

Schauen wir uns die sogenannten Stressoren an, das sind die Faktoren im Leben, die dich unter Stress setzen können. Da gibt es **physikalische und sensorische Stressoren**, also Reize der Umwelt, die durchaus belastend sein können. Das sind beispielsweise Lärm, Hitze, Kälte, Nässe oder auch Reizüberflutung. Aber auch **körperliche Stressoren**, wie Hunger, Durst, zu wenig, zu schlechter oder zu unregelmäßiger Schlaf oder Verletzungen, Krankheit und Schmerzen können deinen Stresspegel dauerhaft hoch halten. Dazu kommen **Leistungs- und soziale Stressoren**, wie Konkurrenz mit anderen Menschen, Zeitdruck, Über- und Unterforderung, Isolation, Trennung oder zwischenmenschliche Konflikte. Weitere Stressoren sind **lebensverändernde und kritische Ereignisse** wie der Verlust von Bezugspersonen, der Verlust einer wichtigen Rolle im sozialen Umfeld oder am Arbeitsplatz oder auch der komplette Jobverlust. Ebenso die plötzliche Einschränkung von Gesundheit und Leistungsfähigkeit oder eine starke Bedrohung der eigenen Sicherheit, zum Beispiel durch Naturkatastrophen, Verbrechen, Kriege oder Ähnliches. Ebenfalls ein Stressor kann ein **kritischer Übergang im Lebenslauf** sein, wie zum Beispiel die Pubertät, der Übergang als junger Mensch in das selbstständige Leben außerhalb des Elternhauses, das Klimakterium – also die Menopause bei Frauen – die Andropause, das ist die Menopause bei Männern, Ein- oder Ausstiege in den Beruf oder auch das Empty-Nest-Syndrom, wenn die Kinder ausziehen. So, und weil das noch nicht genug ist, können auch **chronische Spannungen und Belastungen** als Stressoren wirken. Dazu gehören dauerhafte Alltagsprobleme wie zum Beispiel der Zeitverlust, wenn du im Stau oder an der überfüllten Supermarktkasse stehst. Vielleicht bist du aber auch unzufrieden mit deinem Äußeren, mit der Rollenverteilung im Job oder in deiner Familie, oder du hast finanzielle Sorgen und Ängste.

Du siehst, die Liste der möglichen Stressoren ist vielfältig. Deshalb geht es heute erst mal darum, herausfinden, wo genau dein persönlicher Stress-Hase im Pfeffer liegt, und zwar so genau wie möglich. Auf dem Arbeitsblatt findest du dafür einen Wochenplan, den kopierst du bitte ein paarmal. Dieser Plan wird nämlich dein Stresstagebuch, das wir ab heute jeden Tag führen werden. Dazu brauchst du jetzt noch zwei Stifte in verschiedenen Farben. Mit dem einen Stift notierst du dir jeden Tag all die Dinge, Situationen oder Personen, die dir negativen Stress bereitet haben. Am besten so detailliert wie möglich. Wenn deine Chefin dich zum Beispiel immer wieder mit dem „Meinst du, du schaffst das?"-Blick anguckt und dich das unter Druck setzt, dann schreib das genau so in dein Stresstagebuch und nicht nur „Arbeit". Die zweite Farbe ist für die Stresssituationen, die du eher als positiv empfunden hast. Wenn du zum Beispiel eine Herausforderung gemeistert hast und der Stress danach direkt wieder gefallen ist, dann war das positiver Stress. Wenn du danach aber weiterhin gestresst geblieben bist und selbst nach erfolgreichem Abschluss an dir zweifelst, dann ist das negativer Stress und wird in der ersten Farbe aufgeschrieben. Am besten hast du deinen Wochenplan und die Stifte ab jetzt immer bei dir. Dann kannst du jeden noch so kleinen Stressmoment notieren. Oft vergessen wir nämlich über den Tag, wie oft wir durch Kleinigkeiten unter Stress geraten. Wichtig ist, dass du das Stresstagebuch wirklich jeden Tag führst. Denn nur so kannst du wiederkehrende und dauerhafte Stressoren entlarven.

Und wir sehen uns morgen wieder. Ich freue mich darauf!

DEIN STRESSTAGEBUCH

Kopier diesen Plan für die kommenden Wochen und notier
ab heute jeden Tag alle Situationen, Momente oder Personen,
die tagsüber Stress in dir ausgelöst haben, und wieso das der Fall war.
Dann rutscht dir kein Verdächtiger durch die Lappen.

MONTAG	DIENSTAG	MITTWOCH
_____	_____	_____
_____	_____	_____
_____	_____	_____
_____	_____	_____
_____	_____	_____
_____	_____	_____
_____	_____	_____
_____	_____	_____
_____	_____	_____

Wähl zwei verschiedene Farben aus, um deine Stressoren zu notieren – eine Farbe für die negativen und eine andere Farbe für Dinge, die dich in positiven Stress versetzt haben.

DONNERSTAG	FREITAG	SAMSTAG	SONNTAG

*Resiliente Menschen sind weniger stressanfällig.
Aber was bedeutet es eigentlich, resilient zu sein?*

Hallo, schön, dich zu sehen. Nachdem wir in den letzten beiden Tagen geklärt haben, was Stress überhaupt ist und welche Auslöser es für Stress geben kann, stellt sich eine logische Frage: Warum sind nicht alle Menschen gleich stark von Stress betroffen? Manchmal ist es ja so, dass zwei Menschen ganz ähnliche Schicksale erleben oder sich in einer sehr ähnlichen belastenden Lebenslage befinden, aber völlig unterschiedlich damit umgehen. Nehmen wir als Beispiel einen plötzlichen Jobverlust. Person A ist danach monatelang total am Ende, deprimiert und voller Selbstzweifel, sie hat das Gefühl, Opfer der Umstände geworden zu sein, sitzt zu Hause und grübelt, wie es dazu kommen konnte. Person B hat ihren Job auch verloren, aber statt Trübsal zu blasen, denkt sie sich: Blöd gelaufen, aber so ist es jetzt nun mal, ich suche mir einen anderen Job – und ich bin mir sicher, ich werde einen finden, der besser zu mir passt.

Der Grund für diesen individuellen Umgang liegt in unserer Resilienz. Sie ist bei jedem Menschen anders ausgeprägt, und man kann sagen: Je resilienter wir sind, desto besser können wir mit schwierigen und stressigen Phasen und Erlebnissen umgehen. Hinter dem Begriff Resilienz steckt also nichts anderes als unsere psychische Widerstandsfähigkeit. Resilient zu sein bedeutet, dass wir stark durchs Leben gehen und alle Krisen, die auf uns zukommen, meistern, bewältigen und daran wachsen können, weil wir jede Menge Ressourcen und Strategien dafür parat haben. Ich finde, das ist ein bisschen so wie beim Autofahren: Es regnet, kein Problem, wir haben ja Scheibenwischer. Draußen ist es dunkel? Ha! Da ist doch irgendwo Licht eingebaut. Und bremsen, da gab es doch irgendwas, wo ich drauftreten kann, und dann steht die Karre. Das Auto ist also auf verschiedene Situationen vorbereitet. Und das können wir auch, aber statt Bremse und Licht haben wir verschiedene Ressourcen und Strategien, um mit schwierigen Situationen im Leben umzugehen.

Aber woher haben wir die? Du ahnst es schon: Es waren unsere Eltern und unsere nahen Bezugspersonen, wie Oma, Opa, Onkel und Tante, die uns mit diesen Ressourcen und Strategien versorgt haben, und zwar als wir ganz klein waren. Durch die Forschung wissen wir, dass sich Resilienz ganz früh entwickelt, und zwar in den ersten zwei Lebensjahren. Wenn Eltern ihrem Baby von Anfang an mit Liebe und Wärme begegnen, sich auf seine Bedürfnisse einlassen und seine Signale verstehen lernen, mit ihm kuscheln, reden und es trösten, wenn es weint, spürt das Baby: Alles klar, Mama und Papa sind für mich da, wenn ich sie brauche, das fühlt sich gut und sicher an! Das ist das sogenannte Urvertrauen.

Das Kind lernt also schon sehr, sehr früh, Vertrauen aufzubauen und seine Gefühle wahrzunehmen, sie zu benennen und damit umzugehen. Während dieser Zeit lernt das Kind aber auch, mit Stresssituationen zurechtzukommen und schwierige Situationen zu meistern, und zwar, indem es erfährt, dass es selbst etwas bewirken kann. Wenn es zum Beispiel im Streit mit den Geschwistern merkt: Moment, ich kann mich durchsetzen und den Teddy, den mir meine Schwester gemopst hat, zurückholen, dann ist das super für das Kind und für seine Resilienz.

Fassen wir noch mal zusammen: Als Kind erlernen wir gewisse Fähigkeiten, die unsere Resilienz, also unsere psychische Widerstandskraft, stärken. Wir lernen, Gefühle zu erkennen und einzuordnen, sie zu kontrollieren und zu steuern. Wir lernen unsere Stärken kennen, dass wir uns Hilfe holen können und dass andere Menschen für uns da sind. Und ganz wichtig: Wir lernen, dass wir uns selbst aus der Klemme helfen können, und entwickeln Strategien, wie wir Probleme lösen können.

Und das Allertollste ist: Auch du hast all diese Eigenschaften bereits in dir. Nur sind vielleicht noch nicht alle Bereiche voll ausgeprägt. Das heißt, es kann sein, dass du in einem Bereich besser und in einem anderen weniger gut zurechtkommst. Aber Resilienz kann man trainieren, wie die Ausdauer beim Joggen oder die Muskeln im Fitnessstudio. Dazu gibt es ein sehr spannendes Modell, das auf der Forschung von Karen Reivich und Andrew Shatté basiert: die sieben Säulen der Resilienz. Dabei handelt es sich um die Schlüsselfaktoren unserer seelischen Widerstandskraft. Und die gehen wir jetzt mal zusammen durch.

AKZEPTANZ

Akzeptanz bedeutet, dass wir in der Lage sind, eine Krisen- oder Stresssituation anzuerkennen und zu akzeptieren, statt sie zu verleugnen oder schönzureden. Denn: Nur wenn wir ein Problem annehmen, können wir auch nach Lösungen suchen, die dazu führen, dass wir da wieder rauskommen.

LÖSUNGSORIENTIERUNG

Sind wir lösungsorientiert, schauen wir in einer Stress- oder Krisensituation nicht nur auf das Problem und sagen: „Ogottogott, was passiert hier mit mir!" Vielmehr richten wir unseren Blick auf die Lösung und sagen: „Okay, alles klar, ganz schön stressig gerade, also schauen wir jetzt mal, wie ich da wieder rauskomme."

OPFERROLLE

Resiliente Menschen gehen raus aus der Opferrolle. Es hilft nicht, wenn wir uns selbst kleinmachen, uns als Opfer sehen und jammern: „Immer ich, das passiert nur mir. Nur mein Leben ist stressig, und ich kann gar nichts dafür." Steh lieber auf und sag dir selbst: Okay, ich sitze in der Patsche, der Stress wächst mir über den Kopf, aber ich bin kein Opfer, ich habe den Ausgang der Geschichte und die Situation selbst in der Hand."

VERANTWORTUNG

Verantwortung bedeutet, dass wir nicht nur die Dinge in die Hand nehmen, wir übernehmen auch die Verantwortung für das, was wir tun. Wir sind verantwortlich für unser Handeln und für unser Stresslevel, niemand sonst. Nicht der Partner oder die Partnerin, nicht die Familie, nicht die Regierung oder sonst wer. Nur wir allein. Nichtsdestotrotz sind andere Menschen unglaublich wichtig.

NETZWERKORIENTIERUNG

Ein positives Umfeld mit Bezugspersonen, die uns respektieren und positiv beeinflussen, sorgt für eine außerordentliche Resilienz. Andere Menschen machen uns stark. Darum sind sie entscheidend für unsere psychische Widerstandskraft. Schon allein, weil wir uns sicher sein können: Da stehen Menschen hinter mir, die mir beistehen, mir helfen und neue Perspektiven eröffnen können.

OPTIMISMUS

Freunde und Familie versuchen ja immer, uns optimistisch zu bestärken: Du schaffst das, du kannst das, du kommst da wieder raus. Und das ist super. Aber wirklich wichtig ist, dass wir selbst daran glauben, und zwar ernsthaft! Es ist wichtig, optimistisch zu bleiben und ganz fest daran zu glauben: Egal, wie unübersichtlich und stressig die Lage gerade ist – ich werde das schaffen, ich werde das wuppen und durchstehen.

ZUKUNFTSPLANUNG

Es ist wichtig, vorausschauend in die Zukunft zu blicken. Damit meine ich nicht den „Und, wo sehen Sie sich in fünf Jahren?"-Spruch, sondern die Fähigkeit, in die Zukunft zu sehen und zu erkennen: Moment mal, was kommt da eigentlich alles auf mich zu? Wenn wir üben, vorauszuschauen, können wir Probleme nämlich frühzeitig erkennen und uns darauf vorbereiten, damit sie uns nicht total überfahren. Im Job könnte das zum Beispiel bedeuten, dass wir vorausplanen, wenn ein neues Projekt ansteht. Wir wissen, das wird stressig – also treffen wir Vorkehrungen, damit wir mit der Belastung umgehen können.

So, nun kennst du die Basics für eine gesunde psychische Widerstandskraft, die du dir immer wieder in Erinnerung rufen kannst und natürlich auch trainieren solltest. Denn: Je resilienter du bist, desto besser kommst du mit Stress zurecht. Auf dem heutigen Arbeitsblatt findest du meinen Resilienz-Fahrplan für dich. Damit bist du in Stressmomenten sehr gut gewappnet. Wir sehen uns morgen wieder. Ich freu mich drauf!

DEIN RESILIENZ-FAHRPLAN

Du steckst in der Klemme oder in einer richtig stressigen Situation? Dann besinne dich auf deinen Resilienz-Fahrplan. Oft hilft es schon, einmal die sieben Punkte durchzulesen und sich wieder bewusst zu werden: Alles klar, ich stehe das durch.

1. Akzeptier die Situation, ohne sie schönzureden oder zu verdrängen. Mach dir klar, dass sie da ist und dass du jetzt damit umgehen kannst, wirst und musst.
2. Versuch eine Lösung zu finden, statt in der Situation zu verharren und dich zu beschweren, dass alles so ungerecht oder stressig ist. Pack es an!
3. Denk dran: Du bist kein Opfer der Situation oder der Umstände. Du hast den Ausgang der Geschichte und die Situation selbst in der Hand.
4. Übernimm die Verantwortung für dich und dein Handeln. Denn: Nur du selbst trägst die Verantwortung für dein Leben, niemand sonst.
5. Dein Netzwerk ist dein Fels in der Brandung. Vielleicht ist da ja jemand, der dir zur Seite stehen oder dir einen guten Rat geben kann.
6. Mach dir bewusst, dass du die stressige Phase bewältigen kannst. Denk an all die schwierigen Situationen in deinem Leben, die du schon gemeistert hast.
7. Versuch, vorauszuschauen. Geh mit offenen Augen in potenziell Stress auslösende Situationen und bereite dich gut darauf vor.

Welcher Ausweichstrategie-Typ bist du?

Hey, schön, dass du wieder da bist. Gestern haben wir ja schon damit begonnen, an deiner Stressresistenz und Resilienz zu arbeiten. So weit so gut, doch leider neigen wir dazu, Anti-Stress-Strategien anzuwenden, die vielleicht kurzfristig helfen, aber keine dauerhafte Lösung sind – oder die Sache im schlimmsten Fall sogar negativ verstärken. Daher geht es heute darum, welche Verhaltensweisen Stress nur noch schlimmer machen.

Da wäre zum Beispiel **das Herunterspielen der Situation:** Überleg mal – was antworten wir gerne auf die Frage „Wie geht's dir?", wenn wir das Gefühl haben, dass uns alles über den Kopf wächst? Genau: „Passt schon", „Muss ja" oder: „Joa, ist alles etwas viel, aber das wird schon." Merkste was? Mit solchen Antworten schwindeln wir nicht nur unsere Mitmenschen an, sondern vor allem auch uns selbst. Wir spielen die Situation herunter und wieso? Ganz einfach: weil wir weder in unseren eigenen Augen, noch in den Augen von unseren Mitmenschen schwach wirken wollen. Und das ist natürlich – entschuldige bitte die Wortwahl – Bullshit. Das ist Quatsch! Zuzugeben, dass man gestresst ist und womöglich Hilfe braucht, hat nichts mit Schwäche zu tun, im Gegenteil: Es ist stark, das zu tun. Wenn dich also das nächste Mal jemand fragt, wie es dir geht, dann sag ruhig, was Sache ist. Und wer weiß, vielleicht bietet dein Gegenüber ja sogar spontan seine Hilfe an. Oder du bittest darum. Und schon hat es sich gelohnt, offen und ehrlich zu kommunizieren.

Vielleicht gehörst du aber auch zu den Menschen, die Probleme gerne mal komplett **leugnen**. Nach dem Motto: „Was ich nicht sehe, ist auch nicht da." Punkt, Problem gelöst. So einfach ist es aber nicht. Das Problem bleibt, auch wenn du davor die Augen verschließt. Also gilt auch fürs Leugnen: Lass es sein. Wir haben doch gestern gelernt, wie wichtig es ist, die Situation zu akzeptieren, Verantwortung zu übernehmen und dann aktiv nach einer Lösung zu suchen. Resilienz und so. Viel besser als Leugnen.

So, und was machen wir manchmal noch gern? Richtig: Wir zerfließen so richtig schön in **Selbstmitleid**. Und das ist mindestens genauso schlimm wie das Runterspielen und Leugnen. Denn dann „ergeben" wir uns sozusagen dem Stress und den damit zusammenhängenden Problemen, ohne einen Ausweg zu suchen. Wir begeben uns in die Opferhaltung. Wir konzentrieren uns ausschließlich auf das Leid, das Stress verursacht, und geraten immer tiefer in die mentale Abwärtsspirale. Und das kann echt gefährlich werden. Denn dann wird nicht nur der Stress nicht weniger, sondern die negativen Emotionen werden mehr. Und das kann schwerwiegende Folgen haben, wie zum Beispiel eine Depression.

Eine weitere Verhaltensweise, die eine Stresssituation schlimmer macht und die du garantiert auch kennst, ist das sogenannte **Prokrastinieren**.

Das bedeutet, wichtige To-dos ewig vor sich herzuschieben. Du weißt schon, wenn du schon seit Wochen deine Steuererklärung machen solltest und stattdessen lieber die Fenster und die Küchenschränke putzt. Und je mehr man die wichtigen Dinge vor sich herschiebt, umso schlimmer wird es. Das ist dieser fiese innere Stress, der einem so richtig unangenehm im Nacken sitzt. Man verfällt im wahrsten Sinne des Wortes in so eine Art Schockstarre. Man weiß nicht mehr, wie man das schaffen kann, geschweige denn wo man überhaupt anfangen soll. Also sortiert man erst mal die Sockenschublade. Damit betäubt man kurzfristig das schlechte Gefühl, aber das eigentliche Problem ist damit natürlich kein Stück kleiner geworden.

So. Und dann gibt es noch die Menschen, die sich unglaublich viel aufhalsen und sich einfach nicht eingestehen wollen, dass der To-do-Berg nur noch schwer zu bezwingen ist. Die schnappen sich trotz allem Klettergurt, Steigeisen und Helm und machen sich ans Werk. Und zwar mit so viel **Übereifer**, dass am Ende des Tages vielleicht sogar noch ein Hauch von Luft bleibt, um noch mehr zu erledigen, als überhaupt anstand. Mir fallen da sofort die Workaholics ein, die mit Freude bis abends um elf im Büro sitzen, weil schließlich so viel zu tun ist. Was daran schlecht sein soll? Nun, wenn das ab und zu passiert, ist das ganz sicher kein Problem. Aber: Wenn das jeden Tag so läuft, dann stehst du ganz einfach unter Dauerstress. Und wenn du dir nicht mal eingestehst, dass du eigentlich viel zu viel auf der Agenda hast, sondern stattdessen selbst noch 'ne Schippe drauflegst – tja, dann wird die Luft irgendwann dünn, und du drohst, direkt in ein Burnout abzustürzen. Denn auch deine Kräfte sind begrenzt, teil sie dir lieber gut ein. Und ganz ehrlich: Dein Wert hängt nicht davon ab, dass du jeden Tag bis spät in der Nacht arbeitest.

Wenn wir also daran arbeiten wollen, dass du deinen Stress in den Griff bekommst, dann müssen wir nicht nur herausfinden, welche Strategien dir dabei helfen, ihn zu bewältigen, sondern wir müssen auch ein Auge darauf haben, welche Ausweichstrategien du dir angewöhnt hast. Auf dem Arbeitsblatt für heute kannst du notieren, welche nicht förderlichen Verhaltensweisen du in stressigen Situationen an den Tag legst. Du kannst das Arbeitsblatt deinem Stresstagebuch beilegen und wenn du merkst, dass du zum Beispiel wieder mal versuchst, eine stressige Situation schönzureden – dann schreib es direkt auf. Je wachsamer du hier bist, desto häufiger wird dir auffallen, wann und wie du wieder versuchst, dich aus der Affäre zu ziehen, und du kannst direkt dein Verhalten ändern. Denn nur wenn wir ehrlich zu uns selbst sind und uns eingestehen, dass wir auf dem falschen Weg sind, können wir eine neue Richtung einschlagen.

Ich muss ja gestehen, dass ich von Zeit zu Zeit selbst zum Übereifer neige, aber auch manchmal ganz gut im Prokrastinieren bin. In Kombination kann das schon mal ganz schön heftig werden, was das Stresslevel angeht. Dann putze ich zum Beispiel stundenlang die Küche bis in die kleinste Ecke, statt endlich den blöden Papierkram zu erledigen, der schon ewig dran wäre. Und am Ende des Tages bin ich vollkommen k. o. und der Stress, den mir der Papierkram bereitet, ist immer noch da. Du siehst: Ich kenne meine Ausweichstrategien nur zu gut. Wenn ich mal wieder in der Küche stehe und nach dem Putzlappen greife, sagt meine innere Stimme: Johannes, du weißt doch – deine Liste. Heute wird nicht aufgeschoben. Und das funktioniert auch. Meistens …

So – und wir sehen uns morgen wieder. Mach's gut.

ADIEU AUSWEICHSTRATEGIEN

Hier hast du Platz, um aufzuschreiben, welche Verhaltensmuster du in stressigen Zeiten regelmäßig an den Tag legst. Beobachte dich in stressigen Situationen selbst und notier alles Wiederkehrende, was dir auffällt. Das Gute ist: Wenn du deine Muster kennst, kannst du auch aktiv gegensteuern.

IN STRESSIGEN SITUATIONEN REAGIERE ICH HÄUFIG, INDEM ICH ...

_____
_____
_____
_____
_____
_____

Alte Verhaltensmuster abzulegen kann dauern. Sei nicht zu ungeduldig mit dir selbst und gib dir Zeit. Je besser du dich selbst im Blick hast, desto einfacher wird es.

*In stressigen Situationen hilft es,
tiiiief durchzuatmen*

Hey, schön dich zu sehen! Heute möchte ich dir verraten, was mir hilft, wenn ich merke, dass ich in einer stressigen Situation in falsche Verhaltensmuster zurückfalle. Hast du vielleicht eine Idee, was das sein könnte? Kleiner Tipp: Wir tun es alle, immer und unser gesamtes Leben. Na? Genau – wir ATMEN! Und das meistens falsch, besonders, wenn wir uns nicht auf unsere Atmung konzentrieren.

Gerade wenn wir viel zu tun haben und in unserem ganz normalen Alltag unterwegs sind, atmen wir häufig zu schnell und zu flach und nutzen nicht unser gesamtes Lungenvolumen. Kommen jetzt noch Anspannung, Überforderung oder ein besonders stressiger Tagesablauf dazu, werden die Atemzüge noch kürzer, und wir atmen oft nur noch mit der sogenannten Brust- und Schulteratmung. Bei dieser Atmung sind, wie der Name schon sagt, nur der Brustkorb und die Schultern an der Atmung beteiligt, wodurch auch nur der obere Teil der Lunge mit Sauerstoff versorgt wird. Atmen wir so über einen zu langen Zeitraum, gelangt logischerweise auch weniger Sauerstoff in den Körper, was dann zu Müdigkeit, Kopfschmerzen und Konzentrationsschwierigkeiten führen kann.

Also, wie geht Atmen im Alltag richtig? Wenn wir von „richtiger" Atmung sprechen, dann ist damit die sogenannte Bauch- und Zwerchfellatmung gemeint. Bei dieser Atemtechnik atmen wir langsamer und tiefer ein, wodurch sich das Zwerchfell in den Bauchraum schiebt, der sich dadurch nach außen wölbt. Am besten probieren wir das gleich mal aus: Setz dich gerade hin und atme einmal langsam und entspannt ganz tief durch die Nase ein. Na, merkst du, wie sich dein Bauch nach vorne schiebt und das gesamte Lungenvolumen genutzt wird? Die komplette Lunge füllt sich mit Luft. Und jetzt machen wir zum Vergleich einmal kurz die Brust- und Schulteratmung: Atme kurz und flach ein und stoppe den Luftstrom in Brusthöhe – dein Bauch bleibt flach. Dabei wird die Lunge nur etwa bis zur Brusthöhe mit Luft gefüllt. Mit der Bauch- und Zwerchfellatmung hat der Körper also die Chance, mehr Sauerstoff aufzunehmen. Und das wiederum sorgt für mehr Energie und gleichzeitig für Entspannung. Im Alltag machen wir das viel zu selten, und das ändern wir heute. Denn mit den Übungen, die wir hier gleich zusammen machen werden, reduzierst du nicht nur in dem Moment, in dem du sie machst, Stress, sondern trainierst gleichzeitig deine Bauch- und Zwerchfellatmung. Dadurch atmest du auch im Alltag auf Dauer gesünder – ohne darüber nachzudenken.

Also, los gehts! Als Erstes nimmst du deine Atmung einmal bewusst wahr. Setz oder leg dich bequem hin, leg deine Hände auf die Brust und achte darauf, wie sich dein Brustkorb beim Atmen hebt und senkt. Dann legst du deine Hände auf deinen Bauch und fühlst auch hier die Bewegungen beim Atmen nach. Danach sind die unteren Rippen dran, spür, wie sie sich beim Einatmen nach außen schieben. Faszinierend, wie allein das Erfühlen des eigenen Atmens schon entspannt, oder?

So, und wenn ich merke, dass ich unter Stress bin, dann mache ich entweder genau diese Übung ein paarmal hintereinander, oder ich wende die sogenannte 4-7-11-Methode an: Ich atme vier Sekunden lang durch die Nase ein ... und sieben Sekunden lang wieder aus. Das Ganze wiederhole ich elf Minuten lang. Durch die tiefe Atmung wird dem Körper sozusagen eine Art Ruhephase vorgegaukelt, was dazu führt, dass du sofort entspannst, dein Stresspegel abfällt und sogar der Blutdruck sinken kann. Wichtig dabei ist, dass das Ausatmen wesentlich länger ist als das Einatmen. Dadurch entlastest du deine Lunge und die elf Minuten verschaffen dir eine Pause vom stressigen Alltag. Nun verrate ich dir noch meinen persönlichen Geheimtipp, wie du die 4-7-11-Atemübung auch dann mehrmals täglich anwenden kannst, wenn es hektisch ist: Mach sie auf der Toilette. Ja, im Ernst. Aufs Örtchen müssen wir ja alle mehrmals am Tag. Und wenn du eh schon mal sitzt, dann bleib einfach noch elf Minuten länger. Oder du machst die Übung einmal morgens im Liegen, direkt bevor du aus dem Bett steigst, und einmal am Abend, bevor du einschläfst. Und schwupp, hast du mindestens zweimal am Tag deine Atemübung gemacht und damit aktiv deine Atemmuskulatur trainiert und gleichzeitig dein Stresslevel gesenkt. Auch die Fahrt mit Bus oder Bahn oder die Parkbank, die um die Ecke vom Büro steht, bietet Gelegenheit, die Übung zu machen.

Die kleine Checkliste auf dem heutigen Arbeitsblatt soll dir dabei helfen, die besten Voraussetzungen dafür zu schaffen, im Alltag richtig atmen zu können. Denn nicht nur Stress und Anspannung verhindern die Bauchatmung, sondern zum Beispiel auch eine zu enge Hose. Ja, du lachst, aber es ist so. Also, schau mal rein, und vielleicht hast du ja direkt im Anschluss schon Lust, einmal elf Minuten durchzuatmen. Du weißt ja, vier Sekunden ein und sieben Sekunden lang aus. Ganz einfach, oder?

Wir sehen uns morgen wieder!

RICHTIG ATMEN IM ALLTAG

Richtig zu atmen ist eine wunderbare Basis, um Stress wirkungsvoll zu reduzieren. Wenn du magst, kannst du dir die Liste kopieren und als Erinnerung dort aufhängen, wo du sie immer siehst. Am Arbeitsplatz zum Beispiel – da habe ich sie platziert.

==ACHTE, SOBALD DU LÄNGER SITZT, AUF EINE AUFRECHTE KÖRPERHALTUNG.== Wenn du krumm wie ein Flitzebogen vor dem Rechner hängst, dann ist das nicht nur schlecht für deinen Rücken, sondern macht tiefes Atmen nicht mehr möglich, weil das Zwerchfell und die Bauchmuskeln blockiert sind.

==REGELMÄSSIGES LÜFTEN IST DAS A UND O.== Denn nur wenn frischer Sauerstoff in der Umgebungsluft ist, kannst du deinen Körper auch mit Sauerstoff versorgen. Logisch, oder?

==BEQUEME KLEIDUNG ERLEICHTERT DAS TIEFE ATMEN UNGEMEIN== – egal, was die Modebranche sagt. Lass dir nicht von einem Trend die Luft abschnüren!

==KONZENTRIERE DICH MEHRMALS AM TAG BEWUSST AUF DEINEN ATEM.== Einatmen, ausatmen, Atempause. Der regelmäßige Dreierrhythmus ist wichtig für eine gesunde Atmung und hilft dir zu entspannen.

==REGELMÄSSIGE BEWEGUNG UND SPORT AN DER FRISCHEN LUFT== helfen zusätzlich, deine Atemmuskulatur und deine Atemtechnik zu trainieren. Schon ein Spaziergang in der Mittagspause ist ein wahrer Gamechanger, verschafft dir eine Auszeit und lässt dich frischen Sauerstoff tanken.

*Leistungsdruck und Stress gehen meistens Hand in Hand.
Und der größte Druckmacher sind wir selbst*

Hallo und willkommen zu Tag 6. Heute möchte ich mit dir über ein Thema sprechen, das mir wirklich sehr am Herzen liegt: über Leistungsdruck. In unseren Köpfen hat sich nämlich ein Bild eingebrannt, das so widersprüchlich ist, dass man fast drüber schmunzeln könnte, wenn es nicht so traurig wäre. Fakt ist, Leistungsdruck und Dauerstress sind nicht gesund. Das weiß eigentlich jeder. Und trotzdem sagen wir andauernd Sätze wie „Unter Druck kann ich am meisten leisten" oder „Weniger als perfekt kommt mir nicht in die Tüte". Na, merkst du was? Obwohl den meisten von uns klar ist, dass Stress und Leistungsdruck auf Dauer nicht gut sind, stellen wir sie als eine Art Qualitätsmerkmal beziehungsweise als eine positive Eigenschaft dar.

Deshalb das Wichtigste vorweg: Du bist perfekt. An dir muss nichts optimiert werden! Zweitens: Viele von uns haben tatsächlich das Gefühl, unter hohem Leistungsdruck deutlich produktiver zu sein. Aber ist das wirklich so? Ist das nicht nur ein Gefühl? Reden wir uns die Sache vielleicht mal wieder schön, damit wir das überhaupt irgendwie durchstehen können? Tatsache ist nämlich, dass Stress, Druck und die dadurch entstehende Überforderung deine Leistungsfähigkeit auf Dauer eher bremsen und nicht fördern. Drittens: Du bist nicht wertvoller, nur weil du jeden Tag versuchst, noch schneller zu laufen oder noch höher zu springen als alle anderen. Du bist wertvoll, so wie du bist. Und du musst nicht besser werden.

Doch wie entsteht Leistungsdruck überhaupt? Die häufigsten Ursachen sind Versagensängste, Angst vor Ablehnung und Zweifel an den eigenen Fähigkeiten. Wir haben also Angst, bestimmten Ansprüchen nicht zu genügen beziehungsweise Erwartungen nicht erfüllen zu können. Wir müssen aber auch unterscheiden zwischen dem Druck von außen und dem von innen. Über den Druck von innen haben wir gerade schon gesprochen. Das ist der Druck, den wir uns selbst machen, weil wir eben denken, dass wir immer besser sein müssen. Aber: Es sind auch gerne mal andere Personen dafür verantwortlich, dass wir unter Leistungsdruck stehen. Das kann zum Beispiel eine Vorgesetzte oder ein Vorgesetzter sein, der oder die dir ständig zeigt, dass deine Leistungen nicht ausreichen und noch viel, viel besser sein müssen. Puh, da schüttelt es mich richtig. Aber Leistungsdruck kann auch im sozialen Umfeld stattfinden, zum Beispiel durch eine Trainerin oder ein Trainer beim Sport oder in der Familie. Auch dort kann es jemanden geben, die oder der dir regelmäßig zu verstehen gibt, dass deine Leistungen nicht ausreichen.

Wenn wir also das Gefühl haben, gewisse Ansprüche nicht erfüllen zu können, egal, ob sie von außen oder von uns selbst kommen, stehen wir unter Leistungsdruck und fühlen uns überfordert. Leistungsdruck und Überforderung treten gern im Duo auf und entstehen aus dem Empfinden, dass die eigenen Ressourcen, Fähigkeiten und Kapazitäten nicht oder nicht mehr ausreichen, um die geforderte Leistung zu erbringen. Und das wiederum bedeutet ein extrem hohes Maß an negativem Stress. Wenn dich Leistungsdruck und Überforderung langfristig begleiten und dazu führen, dass du immer mehr an dir und deinen Fähigkeiten zweifelst – dann wird es kritisch. Häufige Begleiterscheinungen von chronischer Überforderung und anhaltendem Leistungsdruck sind nämlich:

- ERSCHÖPFUNG UND MÜDIGKEIT
- FEHLENDE MOTIVATION, ETWAS SCHÖNES ZU UNTERNEHMEN
- DAS GEFÜHL VON KRANKHEIT UND ABGESCHLAGENHEIT
- RATLOSIGKEIT UND HILFLOSIGKEIT
- DAS GEFÜHL, NICHTS AN DER SITUATION ÄNDERN ZU KÖNNEN
- FEHLENDE MOTIVATION, ZUR ARBEIT ZU GEHEN
- ANGST VOR NEUEN AUFGABEN
- STARKE SELBSTZWEIFEL

Du siehst, wer unter Leistungsdruck steht, ist ganz und gar nicht leistungsfähiger, als wenn die Dinge ohne Druck ablaufen. Darüber hinaus sind Depressionen, Burnout oder Angststörungen nur drei der schwerwiegenden gesundheitlichen Folgen, die aufgrund von anhaltendem Leistungsdruck und dem dazugehörigen Stress entstehen können. Also – schauen wir uns mal an, was du gegen Leistungsdruck und Überforderung tun kannst:

1. Mach dir klar: Du bist super, wie du bist. Du musst nicht besser werden. Und du musst auch nicht alles können, schon gar nicht perfekt. Jeder Mensch hat Stärken, während ihm andere Dinge nicht liegen. So geht's uns allen, und das ist absolut okay!
2. Akzeptier, dass deine Kapazitäten begrenzt sind. Und dass es wichtig ist, die Akkus wieder aufzuladen, wenn sie leer sind.
3. Überprüf die Summe deiner Aufgaben. Egal, wie sehr du es versuchst, du wirst es nicht schaffen, an einem Tag all die Aufgaben zu erledigen, für die man eigentlich 36 Stunden braucht. Versuch deine To-do-Listen zu überarbeiten und abzuspecken. Drauf bleiben darf alles, was realistisch und ohne Stress und Hektik machbar ist.

4. Überdenk die Dinge, die du glaubst leisten zu müssen. Das gilt fürs Büro genauso wie fürs Privatleben. Musst du wirklich jeden Abend Überstunden machen? Musst du wirklich mehr Akten bearbeiten als deine Kolleginnen und Kollegen? Und muss es wirklich eine Bilderbuch-Feuerwehr-Torte für die Geburtstagsfeier deines Kindes sein?
5. Plan im Alltag regelmäßige Auszeiten ein. Und zwar für all die Dinge, die du gerne machst: für ein Hobby, Sport oder eine entspannende Atemübung, oder du liest ein gutes Buch oder gehst spazieren.
6. Kommunizier deine Überforderung nach außen und bitte um Hilfe. Ich weiß, das ist nicht leicht, aber es ist wichtig. Denn nur so können dich die Menschen um dich herum unterstützen und erfahren überhaupt erst davon, dass du überlastet bist.

So, und weil vor allem der letzte Punkt durchaus Überwindung kosten kann, habe ich dafür ein Arbeitsblatt vorbereitet. Hier kannst du notieren, in welchen Situationen du dich häufig überfordert fühlst und woher dein ganz persönlicher Leistungsdruck kommt, eher von anderen oder von dir selbst. Nimm dir für die Aufgabe gerne ein bisschen mehr Zeit, denn manchmal ist uns selbst überhaupt nicht klar, woher der empfundene Leistungsdruck eigentlich genau kommt. Nur wenn du weißt, was deine persönlichen Druckmacher sind, kannst du sie auch aus der Welt schaffen, und zwar indem du lernst, auf dich zu achten und deine Grenzen und Kapazitäten zu akzeptieren

Ach ja, und denk dran – dein Stresstagebuch wartet auf deine Einträge. Im Gegenzug liefert es dir heute vielleicht auch den einen oder anderen Anhaltspunkt, wer und was in deinem Leben für Leistungsdruck und Überforderung sorgt. Schau also noch mal rein, bevor du loslegst.

WAS SIND DEINE PERSÖNLICHEN DRUCKMACHER?

Jetzt wird ausgemistet! Denn mal ehrlich, was sollte besser gegen ein Zuviel helfen, als ein Weniger? Denn es darf leicht sein. Und dein Wert hängt nicht von deinen Leistungen ab.

IN WELCHEN SITUATIONEN FÜHLST DU DICH OFT ÜBERFORDERT?

_____
_____
_____
_____
_____
_____

WOHER KOMMT DER DRUCK? KOMMT ER VON DIR ODER VON ANDEREN PERSONEN?

_____
_____
_____
_____
_____
_____
_____

Ein guter Plan ist schon die halbe Miete. Heute bringen wir Struktur in deine Woche

Hey, schön dich zu sehen! Ich hoffe, dein Tag war bisher nicht allzu stressig. Und wenn doch, dann vergiss nicht, dein Stresstagebuch zu zücken und alles aufzuschreiben, was dich heute unter Druck gesetzt hat. Und dann hake den Tag ab. Wir sind ja noch am Anfang unseres Coachings, und ich verspreche dir: Es wird besser werden, jeden Tag ein kleines bisschen. Und damit wir auch heute einen kleinen Schritt weiterkommen, möchte ich mit dir gerne über mein absolutes Lieblingshilfsmittel für mehr Struktur im Alltag sprechen – meinen Kalender! Ja, ja, ich weiß, das ist jetzt nicht die größte Überraschung aller Zeiten – aber wenn man das gute Stück wirklich pflegt und richtig benutzt, dann kann es der Schlüssel zu mehr Struktur im Alltag sein. Und du weißt ja: mehr Struktur = weniger Stress. Zumindest, wenn man es richtig anstellt und ein paar Tipps bei der Zeitplanung beachtet.

Also, du kannst so einen Kalender in Notizbuchform verwenden, die kann man fertig kaufen, oder du schnappst dir den Wochenplaner auf dem Arbeitsblatt und kopierst ihn ein paarmal. Im Grunde sieht er aus wie ein Stundenplan aus der Schule. Ich mache meine Wochenplanung übrigens immer am Freitagnachmittag, bevor ich ins Wochenende starte. Dann habe ich alle wichtigen Aufgaben für die kommende Woche zu Papier gebracht und kann mich danach voll und ganz entspannen. Jetzt geht's ans Eintragen.

TRAG ALLE TERMINE MIT ZEITPUFFER EIN

Viele Menschen bekommen Stress, wenn sie zu knapp planen. Und das ist auch total nachvollziehbar. Allein schon der Gedanke, nicht rechtzeitig bei einem Termin zu sein, kann einem ja schon den Schweiß auf die Stirn treiben. Darum: Wenn du am Montagmorgen um 8 Uhr einen Arzttermin hast, dann trag dafür nicht das Zeitfenster 8 bis 8:20 Uhr ein, sondern das realistische Zeitfenster 7:30 bis 9 Uhr, inkl. An- und Abreise. Der nächste Termin darf also frühestens um 9 Uhr drinstehen. Also: Plan für jede Aufgabe realistische Zeitfenster ein.

PLAN NICHT MEHR ALS EINEN EXTRATERMIN PRO TAG EIN

Viele Menschen tendieren dazu, sich den Tag bis unters Dach mit Terminen, Verabredungen und Besorgungen vollzuknallen – und das, obwohl sie Vollzeit arbeiten oder den ganzen Tag mit Care-Arbeit verbringen, was ja nun mal auch ein Vollzeit-Job ist. Aber glaub mir: Das ist viel zu viel! Darum: Plan bitte nicht mehr als einen Extratermin pro Tag ein, höchstens zwei, wenn sie sich miteinander verbinden lassen. Und nein: auch dann nicht, wenn in deinem Plan noch Platz dafür wäre.

FIND FESTE TAGE FÜR ALLTAGSPFLICHTEN

Auch Alltagsverpflichtungen sollten in deinem Wochenplan Platz finden. Ich kann dir nur empfehlen, dafür feste Tage zu etablieren. Wenn jeden

Montag Waschtag ist, kommst du nämlich gar nicht darauf, am Donnerstag eine Maschine anzustellen. Und wenn jeden Freitag der Wocheneinkauf erledigt wird, brauchst du dir am Dienstag keinen Kopf darüber zu machen, ob du nach der Arbeit noch schnell zum Supermarkt hetzen solltest. Das spart Kapazitäten.

PLAN EINE AUSZEIT EIN

Darüber haben wir ja schon mehrmals gesprochen. Plan jeden Tag ein Zeitfenster ein, für etwas, das dir Freude bereitet. Das kann dein Sport sein, ein Hobby oder auch einfach freie Zeit, in der du spontan das tust, was dir guttut. Ein Spaziergang zum Beispiel oder ein Telefonat mit einer Freundin oder einem Freund. Und diese Zeit wird auch nicht dafür genutzt, noch etwas von der To-do-Liste abzuhaken! Diese Zeit gilt nur dir und deiner Entspannung. Und das Tolle ist: Diese Auszeiten machen auch viel mehr Spaß als die To-dos, die nur Arbeit bedeuten.

So – aber kann man eigentlich auch vorarbeiten, wenn man noch Zeit und Lust hat? Also wenn alles erledigt ist, aber du noch motiviert bist, ein weiteres To-do abzuhaken? Ich würde dir empfehlen, zu üben, Feierabend zu machen. Erlaub dir das und freu dich, dass du jetzt Zeit für dich und deine Liebsten hast. Ja, auch wenn es erst 18 Uhr ist, aber nichts Wichtiges mehr ansteht. Solche freien Abende laden deine Akkus auf und helfen dir dabei, einen Ausgleich zum Arbeitstag zu finden.

Ja, ja, ich weiß, was du jetzt sagen willst. Und was ist, wenn da für morgen noch eine Mini-Aufgabe im Kalender steht, die du jetzt noch superschnell erledigen könntest? Ganz ehrlich: Ich kann dich nicht davon abhalten. Am besten hörst du da auf dein Bauchgefühl. Wenn du das Gefühl hast, dann am nächsten Tag mehr Luft zu haben – und wenn es wirklich nicht viel Zeit in Anspruch nimmt, dann auf geht's. Aber bitte betrüge dich dabei nicht selbst. Heißt: Wenn du noch kurz staubsaugst, okay, das ist eine kleine Aufgabe. Aber die Steuererklärung zu machen, das ist keine kleine Aufgabe. Dafür bitte ein richtiges und realistisches Zeitfenster einplanen.

Apropos Steuererklärung. Unangenehme Aufgaben schieben wir ja gerne mal vor uns her. Und zwar so lange, bis die Zeit so drängt, dass wir ins Schwitzen kommen. Wir haben das bei den Ausweichstrategien schon angesprochen. Das Problem ist, dass bestimmte Dinge irgendwann nicht mehr funktionieren, wenn man sie nicht geregelt hat. Und dann wird's immer komplizierter und vor allem stressiger. So, und weil ich die leise Vermutung habe, dass du gerade zustimmend nickst, gehen wir diese Problematik morgen an.

Jetzt geht's aber erst einmal an deinen Wochenplan. Und weißt du, was das Gute ist? Wenn du dich mit der Planung deiner Woche auseinandersetzt, wirst du ganz schnell merken, an welchen Stellschrauben noch gedreht werden muss, welche Dinge vielleicht einfach nie in deine Woche passen und wofür du regelmäßig viel zu wenig Zeit einplanst. Nimm dir also vor allem für deinen Wochenplan ausreichend Zeit. Mach dir einen Tee, kuschle dich gemütlich aufs Sofa und starte mit deiner Planung. Wir sehen uns morgen wieder – mit all den unangenehmen To-dos, die noch auf der langen Bank sitzen.

Mach's gut!

DEIN WOCHENPLAN

Kopier den Plan und dann geht's los: Trag alle anstehenden Termine in deinen Wochenplan ein, inklusive eines realistischen Zeitpuffers. Plan höchstens eine Extraaufgabe pro Tag ein, maximal zwei, wenn sich die Aufgaben entspannt verbinden lassen.

ZEIT	MONTAG	DIENSTAG	MITTWOCH

*Montags Wäsche waschen, freitags einkaufen –
versuch, bei deiner Wochenplanung so regelmäßig
wie möglich zu planen.*

DONNERSTAG	FREITAG	SAMSTAG	SONNTAG

Tag 8

Leidest du auch an akuter Aufschieberitis?
Eine ernste Diagnose!

Hallo! Schön, dass du da bist! Ich hoffe, du konntest mit dem Wochenplan schon ein wenig mehr Struktur in deine Aufgaben bringen. Um dich auf diesem Weg noch besser zu unterstützen, werden wir heute über ein etwas unangenehmes Thema sprechen. Und zwar darüber, dass wir Aufgaben gerne mal auf morgen verschieben. Oder auf übermorgen ... oder überübermorgen ... oder auf irgendwann ... Ein anderer Begriff dafür ist Prokrastinieren, das an Tag 4 schon mal Thema war.

Diese Dinge, die wir vor uns herschieben, sitzen uns leider wie ein kleiner Teufel im Nacken und sorgen gleich doppelt für Stress. Erst einmal, weil sie eben einfach erledigt werden müssen und du dafür wohl oder übel ein Zeitfenster schaffen musst. Und zweitens, weil unser Gehirn sich liebend gerne mit Unerledigtem beschäftigt. Ein Beispiel: Du hast einen super produktiven Tag hinter dir und trotzdem am Abend das Gefühl, nicht alles oder nicht genug geschafft zu haben. Weil du vielleicht immer noch nicht die Steuererklärung gemacht hast, die bald fällig ist. Oder weil du immer noch keinen Termin beim TÜV gemacht oder immer noch nicht die Winterjacken eingemottet hast. Diese Gedanken hat man immer wieder im Kopf, mit einem imaginären mahnenden Zeigefinger.

Tja, das liegt daran, dass uns unerledigte Aufgaben einfach besser im Gedächtnis bleiben als Erledigtes. Unser Gehirn liebt es nämlich, sich auf unbeendete oder offene Projekte zu konzentrieren. Wenn wir dagegen etwas erledigt haben, dann macht das Gehirn einen Haken dran und zack, weg ist es. Eigentlich ist das ja auch eine gute Sache, denn wenn ein Projekt oder eine Aufgabe erledigt ist, fällt die dafür aufgebaute Spannung wieder ab. Das ist dann dieses kurze, tolle Gefühl von „Geschafft!". Wenn eine Aufgabe allerdings nicht vollständig oder gar nicht erledigt wird, dann bleibt die Spannung bestehen. Und deshalb beschäftigen wir uns gedanklich immer wieder damit, was dazu führt, dass wir uns unwohl fühlen und das Stresslevel nicht sinkt, sondern dauerhaft oben bleibt. Die unerledigte Aufgabe spukt dir dann irgendwann durchgängig im Kopf herum und kann dich im schlimmsten Fall sogar um deinen Schlaf bringen. Vor allem, wenn zu viel Unerledigtes deinen Alltag bestimmt. Dann verbraucht der kleine Erinnerungsteufel irgendwann deine gesamte Energie – oder zumindest einen großen Teil davon. Einfach nur, indem er dich immer und immer wieder daran erinnert, dass da noch dies und das auf dich wartet. Es stellt sich also die Frage: Wie bekommen wir den nervigen Kerl in den Griff? Du ahnst es sicher schon: Wir müssen aktiv werden.

BEHERZIGE DIE SIEBEN-TAGE-REGEL

Normalerweise sollte alles Superwichtige, das erledigt werden muss, ab dem Moment, wenn du beschließt, es anzugehen, innerhalb von 72 Stunden in Angriff genommen werden. Denn nach Ablauf dieser Zeit schwindet deine Entschlossenheit, und die Steuererklärung landet mal wieder ganz hinten auf der langen Bank. Da wir aber von Woche zu Woche planen, bekommst du etwas mehr Zeit, nämlich sieben Tage, die unangenehmen Sachen einzuplanen.

UNTERTEIL ÄTZENDE AUFGABEN IN MACHBARE HÄPPCHEN
Einige To-dos sind so umfangreich, dass wir das Gefühl haben, sie allein aus zeitlichen Gründen nicht bewältigen zu können. Mein Lieblingsbeispiel, die Steuererklärung, ist hier wieder ganz vorne mit dabei. Wenn man nämlich vor komplexen und zeitaufwendigen Aufgaben steht, fühlt man sich oft wie der berühmte Ochs vorm Berg. Man hat keine Lust und eigentlich auch keine Ahnung, wo man überhaupt anfangen soll. Und das führt zu Frust und Stress. Wenn du die Steuererklärung aber in Teilaufgaben zerstückelst, ist der Berg auf einmal gar nicht mehr so groß und viel leichter zu bewältigen. Du könntest zum Beispiel an einem Tag erst einmal alle Belege und das ganze andere Zeug zusammensuchen und sortieren. Zack, Aufgabe erledigt, gutes Gefühl. An einem anderen Tag lädst du dir dann die Steuersoftware runter und gibst die einfachen Daten wie Adresse und Co. ein. Und schon ist ein zweiter, großer Batzen abgehakt, und du kannst dir für einen anderen Tag ein Zeitfenster blocken, um die vorsortierten Daten einzugeben und die Steuererklärung abzuschließen. Und schon klingt die Sache viel machbarer.

ARBEITE NICHT PARALLEL, SONDERN NACHEINANDER AB
Arbeite deine unangenehmen Aufgaben nicht parallel, sondern nacheinander ab. Erst wenn du fertig bist, gehst du die nächste Sache an. Wenn wir uns um mehrere Dinge parallel kümmern, nimmt die kognitive Leistungsfähigkeit ab. Unser Gehirn kann sich nämlich gar nicht so gut auf verschiedene Dinge gleichzeitig konzentrieren – wir haben nur

das Gefühl, dass das funktioniert. Erledigen wir mehrere Dinge parallel, switcht unser Gehirn blitzschnell von einer Sache zur anderen und zur nächsten und zurück. Und das kostet Energie, mit dem Ergebnis, dass am Ende wahrscheinlich keine der Aufgaben endgültig abgeschlossen ist. Deshalb heißt das Zauberwort auch: Monotasking statt Multitasking.

So – und einen Tipp hab ich noch, und zwar für das Abarbeiten selbst. Tu dir selbst den Gefallen und leg dein Handy weg. Soziale Medien, witzige Katzenvideos, SMS oder E-Mails sind jetzt extrem verlockend, ich weiß. Aber die müssen jetzt einfach mal warten. Und die Welt geht auch nicht unter, wenn du 'ne Stunde später darauf antwortest, ob deine Muffins für den Schulbasar auch wirklich gluten- und zuckerfrei sind.

Tja, und ansonsten kann ich dazu nur sagen – Ärmel hochkrempeln und los geht's. Manche Sachen müssen eben einfach gemacht werden, ob wir nun wollen oder nicht. Und genau deshalb ist die heutige Aufgabe auch etwas unangenehm – als Übung sozusagen. Ich möchte, dass du heute auf deinem Arbeitsblatt all die Dinge notierst, die du aktuell aufschiebst. Schwarz auf weiß zu sehen, was das alles ist, ist vielleicht erst mal stressig – aber nur so kannst du diese Aufgaben in ertragbare Häppchen unterteilen und dann an den kommenden Tagen und Wochen einplanen, sodass sie zu meistern sind. Also, nimm deinen Mut zusammen und schreib sie auf, die doofen Aufgaben. Und vielleicht schaffst du es ja auch noch, mindestens ein To-do so zu unterteilen, dass du es direkt für die kommende Woche einplanen kannst – das wäre großartig. Also, ran an dein Arbeitsblatt, und dann sehen wir uns morgen wieder! Du packst das!

VON DER LANGEN BANK AUF DEN KALENDER

Notier alle unangenehmen Aufgaben, die du aktuell aufschiebst. Das kann eine dringend notwendige Gehaltsverhandlung im Büro sein oder die Kündigung einer Versicherung – ganz egal, alle unerledigten To-dos, die dir im Nacken sitzen, kommen hier auf diese Liste. Nimm am besten gleich deinen Kalender dazu und schau, wo du diese Aufgaben unterbringen kannst.

DIESE DINGE SCHIEBE ICH AKTUELL AUF DIE LANGE BANK:

_____
_____
_____
_____
_____

Unterteil unangenehme oder komplexe Aufgaben in machbare Teilaufgaben. So verlieren sie ihren Schrecken und lassen sich leichter bewältigen.

*Manche Menschen benutzen uns als Energietankstelle.
Was du dagegen tun kannst, erfährst du heute*

Hi, schön, dass du wieder dabei bist? Gestern haben wir über die Aufschieberitits gesprochen, die dafür sorgt, dass unser Stresslevel dauerhaft oben bleibt. Es gibt aber noch mehr solcher Energieräuber, also Situationen, Verpflichtungen, Verhaltensweisen oder aber auch Menschen, die dir immer und immer wieder die Kraft abziehen, die du eigentlich für andere Dinge brauchst. Neben dem Aufschieben zählen mangelnde Bewegung, zu wenig oder zu schlechter Schlaf, ungesunde Ernährung oder Perfektionismus zu den typischen Energieräubern unserer Zeit. Ungeschlagen auf dem Gebiet des Kräfte-Klauens sind allerdings unsere Mitmenschen. Wie zum Beispiel dieser eine Freund, der sich regelmäßig bei dir auskotzt, aber im Gegenzug nie ein offenes Ohr für deine Probleme hat. Also Menschen, die dich als ihre persönliche Energietankstelle sehen, die dir aber nie etwas zurückgeben.

Na, hast du da vielleicht schon das eine oder andere Gesicht vor Augen? Oder denkst du jetzt „Mein lieber Johannes, es ist doch meine Sache, wenn ich dazu bereit bin, mehr zu geben, als ich zurückbekomme"? Sagen wir mal so: Wenn du dich dabei wohlfühlst, ist alles gut. Wenn diese Menschen und das zwischen euch herrschende Ungleichgewicht aber ein schlechtes Gefühl in dir auslösen, dann ist das Stress pur. Vor allem, wenn du sehr regelmäßig mit ihnen zu tun hast und die Belastung dauerhaft ist. Meistens erkennt man diese Menschen übrigens schon daran, dass man bereits im Vorfeld gar keine Lust hat, sich mit ihnen zu treffen. Du weißt schon, das sind diese Verabredungen, bei denen man schon vorher überlegt, ob man nicht doch noch irgendwie absagen kann. Dieses doofe Gefühl kann sogar so weit gehen, dass du, wenn du nur an ein Zusammensein mit diesen Personen denkst, echte körperliche Schmerzen bekommst, wie Kopf- oder Bauchweh. Und obwohl dich dein inneres Schutzzentrum mit diesen Warnsignalen quasi vor diesen Menschen warnen möchte, sitzt du plötzlich doch wieder in der Mittagspause mit der Kollegin oder dem Kollegen zusammen und nickst fleißig, wenn es heißt „Ja, und dann wäre es schön, wenn du noch dies und das übernehmen könntest, damit ich es heute noch zum Friseur schaffe, danke, du bist ein Schatz."

Das Problem an der Sache mit den menschlichen Energieräuberinnen und -räubern ist nämlich, dass unser Verstand einfach nicht auf unser Bauchgefühl hören will. Besonders, weil es eben wirklich oft Freundinnen, Freunde und Familienmitglieder sind. Tja, und für die reißt man sich ja bekanntlich gerne mal das eine oder andere Bein aus. Aber wenn unser Bauch laut und deutlich „STOPP, gib dich bitte nicht mehr mit diesem Menschen ab!" ruft, dann sollten wir unbedingt darauf hören, denn es hat in den allermeisten Fällen eine absolute Berechtigung.

Und ja, ich weiß, wenn Tante Inge einmal im Jahr an Weihnachten die üblichen übergriffigen Fragen stellt und der Cousin deines Vaters dich und dein Leben negativ kommentiert, dann ist das meganervig und Energie raubend – aber auch erträglich und vergessen, sobald der Trubel vorbei ist. Wenn es sich aber um Menschen dreht, die dir regelmäßig oder sogar täglich deine Kraft rauben, dann kann das dein Stresslevel so richtig schön nach oben schießen lassen. Und zwar nicht nur in der Situation selbst, sondern auch davor, weil du ja weißt, was passieren wird. Und auch im Anschluss, weil uns Energieräuber oft richtig übel zusetzen. Ich sage nur Selbstzweifel und Selbstvorwürfe. Die gibt's nämlich oft noch gratis dazu. Tja, und all das bedeutet Stress pur. Deshalb ist es wirklich dringend notwendig, mal in dich zu gehen und darüber nachzudenken, ob es nicht an der Zeit ist, mit deinen Energieräubern ein klärendes Gespräch zu führen – oder dich im Zweifelsfall sogar von diesen Menschen zu distanzieren.

Puh, ganz schön harter Tobak, oder? Aber es gibt auch eine gute Nachricht: Vielen Energieräubern ist es gar nicht bewusst, dass sie dir die Kraft abzapfen. Und sie wollen das womöglich auch gar nicht. Genau deshalb ist ein klärendes Gespräch oft eine wirklich gute Lösungsmöglichkeit. Vor allem, wenn es sich um Menschen dreht, die dir am Herzen liegen und mit denen du viel Zeit verbringst. Wichtig ist nur: Fang nicht gleich mit den ganz großen Vorwürfen an. Versuch, ruhig zu bleiben, denk lösungsorientiert und sei konstruktiv in deiner Kritik. Schaff im Vorfeld des Gesprächs einen entspannten und stressfreien Rahmen. Im besten Fall könnt ihr die Sache dann ganz ruhig aus der Welt schaffen und eure Beziehung auf ein neues Level heben.

So, manchmal ist es den Energieräubern aber leider auch total wurscht, dass sie dich auslaugen. Ganz im Gegenteil, manche Menschen haben die Räuber-Taktik sogar mit voller Absicht so perfektioniert, dass sie selbst entspannt durchs Leben gehen können. Sie respektieren deine Grenzen ganz bewusst nicht und geben einen feuchten Kehricht auf deine Bedürfnisse. Bei diesen Menschen hilft leider oft nur eines: Du musst auf Distanz gehen. Und zwar so weit wie möglich! Ich weiß, gerade bei Vorgesetzten, vermeintlichen Freunden oder Familienmitgliedern ist das oft nicht so ohne weiteres möglich. Aber wenn du merkst, dass Gespräche zu nichts führen, dann ist Abstand das Einzige, was dich und deine Energie vor diesen Menschen schützen kann.

Also, kommen wir zur heutigen Aufgabe. Ich gebe zu, sie ist nicht ganz einfach – sie ist aber absolut notwendig. Überleg dir heute bitte mal ganz in Ruhe, wer ein potenzieller Energieräuber in deinem Leben sein könnte. Schreib alle Namen auf, die dir spontan in den Kopf kommen. Daneben notierst du mindestens einen Grund, wie, wann, wieso dieser Mensch dir die Energie abzapft. Wenn du damit fertig bist, schnappst du dir deinen roten und deinen grünen Stift. Alle Menschen, mit denen du dir vorstellen könntest, ein klärendes Gespräch zu führen, unterstreichst du grün. Alle, bei denen Distanz die einzige und bessere Option ist, unterstreichst du rot. Es lohnt sich übrigens, vorher in dein Stresstagebuch zu schauen. Dort dürften einige dieser Stressoren bereits namentlich genannt worden sein.

Und ja, vielleicht steht auf deinem Zettel gleich auch der Name eines Herzensmenschen. Aber das ist kein Grund, sich mies zu fühlen. Wie gesagt, die meisten Energieräuber sind sich gar nicht darüber bewusst, dass sie dir Energie abzapfen. Und wer weiß – möglicherweise bist du selbst ein Energieräuber für einen anderen Menschen, ohne es zu wollen. Das Einzige, was da hilft, ist eine wertschätzende Kommunikation, ein klärendes Gespräch. Und du schaffst das, da bin ich mir sicher.

Mach's gut, bis morgen!

DEINE ENERGIERÄUBER UND DU

Diese Übung ist nicht ganz ohne, aber sehr, sehr wichtig. Notier alle Menschen, die dir auf die eine oder andere Weise die Energie rauben und ein schlechtes Gefühl geben. Trag in der zweite Spalte ein, wann, warum oder auf welche Weise sie das tun. Überleg dir danach bitte ganz genau, welche Menschen du trotzdem noch in deinem Leben haben möchtest, bei denen also ein klärendes Gespräch helfen könnte. Diese Namen unterstreichst du mit einem grünen Stift. Die Menschen, die dir ausschließlich schlechte Gefühle vermitteln, unterstreichst du mit einem roten Stift. Hier darfst du künftig gerne auf Distanz gehen, so gut es eben möglich ist.

MEINE ENERGIERÄUBER	SO STEHLEN SIE MEINE ENERGIE

Unsere inneren Antreiber bestimmen unser Denken und Handeln, auch in Stresssituationen

Hallo, schön, dass du wieder Zeit gefunden hast, hier zu sein! Ich hoffe, die gestrige Übung hat dir nicht allzu viel Kopfzerbrechen bereitet, beziehungsweise für ein schlechtes Gewissen gesorgt. Das musst du nämlich wirklich nicht haben. Beim Aufspüren von möglichen Energieräubern geht es nämlich wie gesagt nicht darum, jemandem für deinen Stress verantwortlich zu machen. Es geht darum, zu erkennen, wo du etwas ändern solltest. Immer mit dem Ziel vor Augen, deinen Stress zu reduzieren und gleichzeitig den Beziehungen, die dir wichtig sind, eine neue Basis zu geben. Das gilt übrigens auch für die Beziehung zu dir selbst. Denn neben Stressauslösern wie verspäteten Zügen, nervigen Meetings im Büro oder der Tatsache, dass du kurz vor Ladenschluss noch in den Supermarkt hetzen musst, weil du sonst morgen früh ohne Toilettenpapier aufm Pott sitzt, sind auch unseren inneren Einstellungen oft schuld daran, dass wir gestresst sind.

Wir alle legen nämlich bestimmte Verhaltensweisen und Denkmuster an den Tag, die unser Handeln, Denken und Fühlen bestimmen und beeinflussen, ohne dass wir es überhaupt bewusst wahrnehmen. Diese „inneren Antreiber", wie man sie in der Psychologie nennt, sind Leitgedanken beziehungsweise Persönlichkeitseigenschaften, die sich in frühester Kindheit entwickeln und die sich so fest eingebrannt haben, dass wir in manchen Situationen einfach nicht aus unserer Haut können. Da ist zum Beispiel die eine Person, die immer alles perfekt machen muss.

Oder die andere, der es nie schnell genug gehen kann. Das allein kann schon stressig sein – und in Stresssituationen kommt es dann doppelt und dreifach dicke. Denn auch dann lassen dich deine inneren Antreiber so handeln, wie du eben handelst – zum Beispiel perfektionistisch. Wenn du immerzu davon angetrieben wirst, alles perfekt machen zu müssen, dann wirst du dies in einer stressigen Phase garantiert nicht ablegen. Ganz im Gegenteil, unter Stress verstärkt sich dieses Verhalten meistens sogar noch. Gleichzeitig wird es schwerer, das Streben nach Perfektion zu erfüllen, was wiederum für noch mehr Stress sorgt. Dein Stresspegel steigt also höher und höher, und schon dreht sich die Katze wieder im Kreis. Es sei denn, du bist dir darüber im Klaren, welcher oder welche inneren Antreiber dich leiten. Denn auch hier gilt: Nur wenn du herausgefunden hast, wo das Kernproblem liegt, kannst du es anpacken.

Also, grundsätzlich ordnet das Modell der inneren Antreiber die menschlichen Verhaltensgewohnheiten fünf Typen beziehungsweise fünf Leitsätzen zu:

1. „Sei stark!"
2. „Sei perfekt!"
3. „Mach es allen recht!"
4. „Streng dich an!"
5. „Mach schnell!"

In der Regel werden wir von allen fünf Sätzen angetrieben, nur eben unterschiedlich stark. Sehr wahrscheinlich hast du dich bei einem der fünf Sätze ein wenig mehr ertappt gefühlt als bei den anderen. Dann ist das vermutlich dein „Primärantreiber", der sich, wie gesagt, vor allem in stressigen Situationen oder im Zusammenhang mit anderen Menschen zeigt. Grundsätzlich sind unsere inneren Antreiber auch erst mal gar nicht verkehrt. Wird ein wichtiges Bedürfnis nicht erfüllt, wird der innere Antreiber aktiv und sorgt dafür, dass du schnell und vor allem automatisch nach den erlernten Verhaltensmustern reagierst. Und oft hängen unsere inneren Antreiber auch mit unseren liebenswerten Eigenschaften zusammen – wenn du dich sehr liebevoll und engagiert um andere bemühst, ist das ja erst einmal etwas Tolles. Nur hilft uns das in stressigen Zeiten nicht weiter, sondern sorgt für zusätzlichen Stress.

Wenn du deinen inneren Antreiber auf dem Schirm hast, kannst du ihn bewusst einsetzen. Du kannst ihn dann aktivieren, wenn er hilfreich sein könnte, oder eben in die Ecke stellen, wenn er dich in den Wahnsinn treibt. Psychologinnen und Psychologen entwickeln dafür gerne Sätze, die das Gegenteil des inneren Antreibers darstellen. Sie sollen den Druck aus der Situation nehmen. Du sagst sie dir also immer dann, wenn du gestresst bist und deinen inneren Antreiber gerade nicht gebrauchen kannst. Damit verscheuchst du ihn sozusagen. Hier ein paar Beispiele, die für die jeweiligen inneren Antreiber als „Gegen-Sätze" funktionieren:

- „SEI STARK!" – „ICH MUSS NICHT ALLES ALLEIN SCHAFFEN."
- „SEI PERFEKT!" – „ICH BIN WERTVOLL, SO, WIE ICH BIN."
  ODER: „ES IST IN ORDNUNG, NICHT ALLES ZU KÖNNEN UND FEHLER ZU MACHEN."

- „MACH ES ALLEN RECHT!" – „AUCH DEINE BEDÜRFNISSE SIND WICHTIG." ODER: „DU DARFST AUCH NEIN SAGEN."
- „STRENG DICH AN!" – „ES DARF AUCH MAL LEICHT SEIN."
- „MACH SCHNELL!" – „ICH DARF MIR ZEIT NEHMEN." ODER MEIN PERSÖNLICHER LIEBLING: „DAS GRAS WÄCHST AUCH NICHT SCHNELLER, WENN MAN DARAN ZIEHT."

Du kannst sehr gerne diese Sätze verwenden, aber natürlich auch eigene formulieren. Wichtig ist, dass du übst, sie zu verwenden. Laut ausgesprochen oder auch nur in Gedanken. Bis sie dir ins Blut übergehen, dauert es leider ein bisschen, so wie bei allen neuen Verhaltensmustern. Und deshalb solltest du dich immer wieder selbst beobachten: Wie agiere ich gerade, was treibt mich gerade an? Und dann schau, ob nicht der Gegenspieler gerade die bessere Wahl wäre.

Dein Stresstagebuch ist dafür übrigens wieder einmal die perfekte Beweisquelle. Denn manchmal müssten deine Stressoren, die du darin notierst, eigentlich gar keine sein, wenn dein innerer Antreiber nicht wäre. Also, schau dir deine Einträge immer mal wieder an und überleg, wie sehr dein innerer Antreiber daran beteiligt gewesen sein könnte, dass eine bestimmte Situation Stress bei dir ausgelöst hat.

So, und damit kommen wir auch schon zum Arbeitsblatt für heute. Was glaubst du, welcher innere Antreiber ist dein Begleiter durchs Leben? Oder sind es sogar mehrere? Und: Wann tauchen sie auf? Je besser du darauf vorbereitet bist, desto besser kannst du dich beim nächsten Mal wappnen. So, jetzt lasse ich dir Zeit, zu schreiben. Wir sehen uns morgen wieder!

DEINE ANTREIBER UND DU

Was glaubst du, welcher innere Antreiber dein Begleiter durchs Leben ist? Oder sind es sogar mehrere? Und: Wann tauchen sie auf? Je besser du darauf vorbereitet bist, desto besser kannst du dich beim nächsten Mal wappnen.

DAS SIND DIE 5 INNEREN ANTREIBER:

„Sei stark!" – „Sei perfekt!" – „Mach es allen recht!"
„Streng dich an!" – „Mach schnell!"

WAS GLAUBST DU, WELCHE INNEREN ANTREIBER BESTIMMEN DEIN HANDELN?

_____
_____
_____

ÜBERLEG, IN WELCHER SITUATION DER JEWEILIGE ANTREIBER HÄUFIG ZUM VORSCHEIN KOMMT. WIE HANDELST DU DANN? BESCHREIB DIE SITUATION.

_____
_____
_____

NOTIER EINEN SATZ, DER DICH BEIM NÄCHSTEN MAL ENTLASTEN KÖNNTE.

_____
_____
_____

Tag 11

Geräusche können beruhigen, aber auch stören oder stressen. Heute finden wir heraus, was dir guttut

Hi! Heute beschäftigen wir uns mit einer ganz besonderen Spezies von Stressoren – mit Geräuschen. Du meinst, die sind doch allgegenwärtig und gehören dazu, warum sollten sie Stress verursachen? Genau das ist der Knackpunkt. Im Alltag stehen wir nämlich oft unter Dauerbeschallung – und das, ohne es wirklich wahrzunehmen. Weil wir uns ganz einfach an die Geräuschkulisse gewöhnt haben, die uns ununterbrochen begleitet. Das bedeutet aber nicht, dass sie nicht belastend sein kann. Das fängt an mit dem kontinuierlichen Brummen und Pingen von Push-Nachrichten und E-Mails auf dem Smartphone, geht weiter mit der Baustelle nebenan, plärrender Musik, dem laufenden Fernseher bis zum Stimmengewirr im Großraumbüro oder vor dem Fenster Verkehrslärm – all dies kann für ein erhöhtes Stresslevel sorgen. Wenn dein Gehör nämlich ununterbrochen beansprucht wird, muss dein Gehirn all diese Informationen auch verarbeiten, selbst wenn wir das Gefühl haben, wir können die Umgebungsgeräusche ausblenden. Das funktioniert nämlich nicht wirklich. Sogar im Schlaf, wenn dein Bewusstsein Pause macht, sind deine Ohren an. Und zwar aus gutem Grund – sie sind sozusagen unsere Alarmanlage, die uns während des Schlafens vor möglichen Gefahren warnt. Und wie du ja bereits weißt, schmeißt unser Körper bei Gefahrenmeldungen automatisch das Stresssystem an und schüttet Stresshormone aus, um im Ernstfall flucht- oder kampfbereit zu sein. Und genau aus diesem Grund können Umgebungsgeräusche ein Grund für dein erhöhtes Stresslevel sein.

So, und was schließen wir jetzt daraus? Genau, um Stress aufgrund von Lärm zu reduzieren, brauchen wir regelmäßig Stille. Zack, fertig, Problem gelöst. Oder eben auch nicht. Denn viele Menschen haben verlernt, sich auf Stille einzulassen, sie zu genießen und sogar bewusst zu suchen. Manche empfinden sie sogar als bedrückend und überhaupt nicht als erholsam. Außerdem ist Stille nicht per se ein Garant für weniger Stress. Ganz im Gegenteil, es gibt sogar Stille, die uns zusätzlich unter Stress setzt – wie unangenehme Gesprächspausen oder bedrückende Stille, wie zum Beispiel auf einer Trauerfeier.

Um zu verstehen, wann und wie Geräusche und Stille ihre stressfördernde oder ihre stressreduzierende Wirkung zeigen, müssen wir als Erstes verstehen, was in unserem Gehirn passiert, wenn wir jeweils den beiden Situationen ausgesetzt sind. Also, wie bei den meisten Stressoren ist es auch bei Geräuschen von Mensch zu Mensch unterschiedlich, wie viel und ob sie überhaupt Stress auslösen. Manche Menschen können sich zum Beispiel besser konzentrieren, wenn sie Musik hören und andere sind bei jedem Pieps sofort abgelenkt. Grundsätzlich gilt allerdings: Unser Gehirn braucht regelmäßig stille Momente, um zur Ruhe kommen zu können. Das wurde an der Universität Pavia in Italien übrigens durch Zufall herausgefunden. Eigentlich sollte untersucht werden, welche Musikstile unserem Herz-Kreislauf-System guttun. Dafür wurden den Probanden Musikstücke von Klassik bis Techno vorgespielt und dabei wurde unter anderem Atmung, Blutdruck und Herzschlag gemessen. Als Kontrollbedingung wurde mitten im Musikstück jeweils eine zweiminütige Pause eingelegt, in der die Teilnehmer nichts hörten. Natürlich konnte festgestellt werden, dass die verschiedenen Musikarten auch verschiedene Effekte auf den Kreislauf hatten. Aber das eigentlich Faszinierende war, dass während der Stille-Pausen die Werte oft sogar noch unter die Baseline fielen. Das heißt: In den Pausen war die Entspannung noch größer als bei den Musikstücken, die eh schon für Entspannung sorgten. Und deshalb wird davon ausgegangen, dass die Musik die entspannende Wirkung der Stille sogar noch verstärkt hat und der Wechsel von Beschallung und Ruhe für eine Extraportion Entspannung sorgen kann.

Also, damit wir herausfinden, ob Geräusche ein Stressor für dich sind, ist meine erste Aufgabe heute für dich: Teste dich in den nächsten Tagen immer mal wieder selbst. Wenn du beim Arbeiten zum Beispiel immer Musik hörst, dann stell sie einfach mal ab, arbeite ohne Geräuschkulisse weiter und fühl dabei in dich hinein. Tut dir die Beschallungspause gut? Kannst du dich ohne musikalische Untermalung vielleicht sogar besser konzentrieren, oder stellst du nach einiger Zeit der Stille fest, dass eher das Gegenteil der Fall ist und die Stille dich nervös macht? Oder aber, du nutzt während bestimmter Alltagsaufgaben einfach mal Noise-Cancelling-Kopfhörer oder stinknormale Ohrstöpsel, um Umgebungsgeräusche auszublenden. Vielleicht gehen dir manche Dinge dann leichter von der Hand. Oder bedrückt dich diese Situation? Deine Beobachtungen kannst du gerne in deinem Stresstagebuch notieren, so bekommst du einen Überblick, wie und ob Geräusche jeglicher Art – egal, ob du sie bewusst suchst oder ob sie einfach da sind – dein Stresslevel beeinflussen. Achtung – aber eigentlich versteht sich das von selbst: Geräuschunterdrückende Kopfhörer oder Ohrstöpsel werden natürlich nicht dort verwendet, wo sie dich gefährden könnten, wie zum Beispiel im Straßenverkehr!

So, und für die zweite Aufgabe gibt es das heutige Arbeitsblatt. Hier findest du ganz viel Platz, um dir einmal zu überlegen, wo du deine persönlichen Plätze der Ruhe findest. Denn wie gesagt, unser Gehirn braucht regelmäßige Geräuschpausen, und die kommen in unserem Alltag viel zu selten vor. Als Erstes fällt dir dafür sehr wahrscheinlich ein Ausflug in die Natur ein. Und ja, der Wald ist auch einer meiner liebsten Ruheorte. Aber mal ehrlich, wenn du nicht gerade am Waldrand wohnst, kostet der Weg schon einiges an Zeit, bis du allein und in aller Ruhe durch die Gegend spazieren kannst. Vielleicht findest du ja noch ein paar Orte, die um die Ecke liegen. Gibt es vielleicht ein Museum oder eine Bibliothek in der Nähe deiner Arbeit? Da ist es herrlich still, und du könntest deine Mittagspause dort „in Ruhe" verbringen. Vielleicht hast du aber auch zu Hause die Möglichkeit, für eine Viertelstunde am Tag alle elektronischen Geräte abzuschalten und einfach mal nur dazusitzen, zu entspannen, der Stille zu lauschen oder zu meditieren. Oder die 4-7-11-Atemübung von Tag 5 durchzuführen. Hauptsache, du kommst für einen kleinen Moment runter und gönnst deinem Kopf eine kleine Pause. Vielleicht ja sogar schon heute Abend.

Nun lasse ich dir Zeit, deine Oasen der Ruhe zu finden. Bis morgen!

DEINE OASEN DER RUHE

Überleg einmal ganz in Ruhe, an welchen Orten du dir eine Auszeit vom Alltagslärm nehmen könntest. Denk dabei an Orte, die sich mit deinen täglichen Wegen verbinden lassen, aber auch an Ausflugsziele, die du in deiner Freizeit gezielt aufsuchen kannst, um Stille zu genießen.

Ohrstöpsel oder Noise-Cancelling-Kopfhörer können dir dabei helfen, auch zu Hause für ein paar Minuten Stille zu schaffen. Such dir ein gemütliches Plätzchen, schließ die Augen und atme während deiner Ruhezeit langsam und bewusst für einige Minuten tief ein und aus.

Tag 12

*Ja, nein – äh: jein? Entscheidungen zu treffen ist schwierig.
Es kann sogar zum Stressfaktor Nr. 1 werden*

Hallo und schön dich zu sehen! Die heutige Einheit möchte ich mit einem kleinen Test beginnen. Und keine Angst, dabei kannst du auf gar keinen Fall durchrasseln. Es gibt also keinen Grund für Stress. Oder vielleicht doch? Also: Was würdest du lieber anziehen – klassisch schick oder gemütlich? Was würdest du lieber zum Frühstück essen – Haferflocken oder ein Brötchen? Und zu guter Letzt: Was darf es sein – Kaffee oder Tee?

Okay, warum haben wir das gerade gemacht? Genau – weil es keinen Tag in unserem Leben gibt, an dem wir keine Entscheidungen treffen müssen. Und während manche Menschen dies als Gefühl der Freiheit empfinden, geraten andere schon morgens vorm Kleiderschrank unter Stress. Das liegt daran, dass einige Menschen dazu neigen, nach dem Entscheiden zu grübeln, ob eine andere Wahl nicht doch besser gewesen wäre. Besonders, wenn die Alternativen sehr vielfältig waren. Am Ende tun sie sich oft sehr, sehr schwer, zu ihrer getroffenen Entscheidung zu stehen.

Aber auch ein geringes Selbstwertgefühl oder das Verlangen nach Anerkennung durch andere Menschen können dazu führen, dass dir Entscheidungen nicht leichtfallen und vor allem, dass sie Stress auslösen. So, und wenn das der Fall ist, dann kann der Stress sogar so weit gehen, dass du selbst bei den einfachsten Entscheidungen körperliche Symptome wie Verspannungen, Kreislauf- oder Magen-Darm-Probleme oder Schlafstörungen spürst. Menschen mit einem größeren Selbstbewusstsein und einer hohen psychischen Widerstandskraft haben diesen Stress hingegen deutlich seltener. Denn sie glauben auch dann an sich, wenn sie eine Fehlentscheidung getroffen haben, sie wissen, dass sie dazu in der Lage sind, den Fehler aus eigener Kraft wieder auszubügeln. Du erinnerst dich: Sie akzeptieren die Lage, übernehmen Verantwortung für ihr Handeln, treten aus der Opferrolle heraus und suchen nach einer Lösung.

Zugegeben – bei der Entscheidung zwischen Kaffee und Tee kommt wahrscheinlich niemand von uns ins Schwitzen. Wenn es aber um lebensverändernde Entscheidungen geht, dann kann das auch für selbstbewusste Menschen ein heftiger Stressor sein. Wenn du zum Beispiel überlegst, ob du deinen sicheren Job kündigst, um eine neue Herausforderung anzunehmen. Oder wenn du darüber nachdenkst, dich von deinem Partner oder deiner Partnerin zu trennen. Oder wenn die Frage im Raum steht, ob du für ein neues Auto dein Sparkonto plündern solltest.

So, woran kannst du aber erkennen, ob du grundsätzlich ein Problem damit hast, dich zu entscheiden? Dabei hilft dir in erster Linie wieder dein Stresstagebuch. Wenn du merkst, dass du wirklich fast jeden Morgen ratlos vor dem Kleiderschrank stehst und hin und her überlegst, dann notier das. Wenn du regelmäßig darüber nachdenkst, dich beruflich zu verändern, aber nie handelst, schreib es auf. Wenn du über eine längere Zeit nur noch damit beschäftigt bist, über eine anstehende Entscheidung nachzudenken, und vielleicht sogar schon körperliche Symptome bemerkst, dann ist es Zeit, die Sache in Angriff zu nehmen. Fakt ist nämlich: Je länger du vor allem wichtige Entscheidungen vor dir herschiebst oder sie überhaupt nicht triffst, desto mehr Dauerstress schleppst du mit dir herum. Aber was kannst du tun, damit dir Entscheidungen in Zukunft leichter von der Hand gehen? Ich habe ein paar Tipps für dich, die dir künftig helfen können.

ÜBE DIE KLEINEN ENTSCHEIDUNGEN

Fang erst mal klein an, wenn du dich schwer entscheiden kannst. Das Hemd hat sich als die „falsche" Wahl herausgestellt, weil alle anderen in bequemen Klamotten bei der Geburtstagsfeier aufgetaucht sind? So what! Du hattest Lust darauf, ein Hemd zu tragen, also war es für dich die richtige Entscheidung. Von diesen kleinen Entscheidungen gibt es viele im Alltag. Mit dem Rad oder der Bahn zur Arbeit? Mittags Kantine oder was vom Bäcker? Im Restaurant lieber Pizza Salami oder Funghi? Versuch, dein erstes Bauchgefühl abzupassen und dann dabei zu bleiben. Und denk immer dran: Es kann nichts Schlimmes passieren. Wenn die Salami-Pizza nicht schmeckt, nimmst du eben nächstes Mal die Funghi.

SCHREIB EINE PRO-UND-KONTRA-LISTE

Bei größeren Entscheidungen können Pro-und-Kontra-Listen tatsächlich dabei helfen, die Vor- und Nachteile der verschiedenen Möglichkeiten abzuwägen. Verlier dich aber nicht darin, jede Alternative bis ins kleinste Detail zu analysieren. Pro-und-Kontra-Listen werden nämlich auch gerne als Ausrede dafür genutzt, noch keine Entscheidung treffen zu müssen, weil die Liste noch nicht ganz fertig ist.

TRIFF ENTSCHEIDUNGEN IN RUHE

Triff keine Entscheidungen, wenn du sehr aufgewühlt oder in einer emotionalen Extremlage bist. Wut, Trauer, aber auch Euphorie und Freude lassen dich nicht rational denken. Lass diese Gefühle erst einmal sacken und versuch, deine Entscheidung so sachlich wie möglich zu treffen.

GEH NICHT GLEICH AUFS GANZE

Bei wirklich großen Entscheidungen ist es immer sinnvoll, nach einem Plan B zu suchen, der eine nicht ganz so extreme Entscheidung erfordert. Also bei der Frage, ob du kündigen sollst oder nicht, gibt es auch noch den Plan B: erst mal mit der Chefetage schnacken und schauen, was sich daraus ergibt. So nimmst du den Druck aus der Sache.

SUCH NACH EINEM KOMPROMISS

Überleg, ob es wirklich nur ein Entweder-oder gibt. Manchmal gibt es auch ein Dazwischen oder ein UND. Du weißt nicht, ob du BWL oder Psychologie studieren sollst? Dann mach beides: Hauptfach und Nebenfach. Manchmal gibt es diese Option, also schau ruhig, ob es einen Kompromiss gibt.

So, und etwas ganz Wichtiges noch zum Schluss: Die freie Wahl zu haben, ist und bleibt etwas Wunderbares. Sie bedeutet nämlich Freiheit. Die Freiheit, für sich entscheiden zu dürfen. Die Wahl zu haben, ist also ein riesiges Privileg, für das wir auch durchaus mal dankbar sein dürfen. Das haben nämlich nicht alle Menschen auf dieser Welt. Notier auf dem heutigen Arbeitsblatt, welche Entscheidungen bei dir offen sind. Danach versuch dich für mindestens eine Entscheidung mal an einer Pro-und-Kontra-Liste. Viel Spaß dabei und bis morgen.

AUSSTEHENDE ENTSCHEIDUNGEN

Welche größeren Entscheidungen schiebst du schon ewig vor dir her? Notier sie und versuch, eine Pro-und-Kontra-Liste zu schreiben. Überleg, ob es auch einen Plan B oder einen Kompromiss geben könnte.

NOTIER ALLE GROSSEN, OFFENEN ENTSCHEIDUNGEN,
DIE GERADE ANLIEGEN.

_____
_____
_____
_____
_____

WÄHL EINE ENTSCHEIDUNG AUS UND VERSUCH,
EINE PRO-UND-KONTRA-LISTE ZU ERSTELLEN.

PRO	KONTRA
_____	_____
_____	_____
_____	_____
_____	_____
_____	_____
_____	_____
_____	_____
_____	_____

Tag 13

*In stressigen Phasen lieben wir Fast Food, Schoki, Drinks.
Können sie Stress wirklich reduzieren?*

Hallo! Heute geht es um deine Ernährung. Ja, richtig gehört. Auch sie gehört zu den Dingen, die dafür sorgen können, dass unser Stresslevel dauerhaft zu hoch ist. Wir alle wissen: Eine frische, gemüselastige und ausgewogene Ernährung ist wichtig, um gesund zu bleiben. Und trotzdem kommen bei den meisten Menschen täglich nicht nur Gemüse, Vollkornprodukte und Obst auf den Teller, sondern auch Fast Food, Fertigprodukte und natürlich auch Naschkram. Das ist vollkommen okay, wenn es nicht die Regel ist. Denn es ist nun mal so: Wenn dein Körper regelmäßig alle Nährstoffe bekommt, die er braucht, kann er auch seinen Job richtig machen. Wenn wir aber zu fett, zu zuckerhaltig und allgemein zu ungesund und unausgewogen essen, fehlen ihm sozusagen die Werkzeuge, um die Körpermaschine am Laufen zu halten. Mit der Konsequenz, dass du dich vielleicht müde, schlapp und kraftlos fühlst, mit Über- oder Untergewicht zu kämpfen hast, deine Verdauung Probleme macht oder Mangelerscheinungen dafür sorgen, dass du nicht das leisten kannst, was du eigentlich könntest.

Daher untersucht die Forschung den Zusammenhang zwischen Ernährung und Stress, und eins steht mittlerweile fest: Nur wenn du deinem Körper durch deine Ernährung alle Nährstoffe lieferst, die er braucht, ist er in der Lage, mit einem bestimmten Maß an Stress gut zurechtzukommen. So sind in vielen pflanzlichen Lebensmitteln zum Beispiel neben Vitaminen und Co. auch noch sekundäre Pflanzenstoffe beziehungsweise

Antioxidantien enthalten, die die negativen Wirkungen von Stress vermindern können, indem sie die freien Radikale in deinem Körper außer Gefecht setzen. Freie Radikale, das sind erst einmal ganz natürliche Stoffwechselprodukte, die zum Beispiel Viren und Bakterien bekämpfen. Allerdings können äußere Faktoren, wie Alkohol, Zigaretten, Umweltgifte, Medikamente, UV-Strahlung, aber auch zu wenig Schlaf oder Infektionen zur Entstehung von freien Radikalen führen. Und zu viele von ihnen belasten deinen Körper. Vor allem beim Abbau von Stresshormonen entstehen viele freie Radikale. Wenn du also unter Stress stehst, braucht dein Körper mehr Antioxidantien, um die freien Radikale zu bekämpfen. Und weil er die nicht alle selbst produzieren kann, ist es absolut wichtig, dass du sie über Nahrungsmittel zu dir nimmst.

Damit sind wir schon beim größten Problem, wenn es um das Zusammenspiel von Stress und Ernährung geht: In stressigen Zeiten neigen wir dazu, ungesund zu essen. „Stress-Esser" haben bei Stress ein gesteigertes Bedürfnis nach zucker- und fetthaltigen Lebensmitteln, da sie unser Belohnungssystem im Gehirn aktivieren. Es gibt auch die „Stress-Hungerer". Ihnen vergeht unter Druck jeglicher Appetit, sie verlieren das Hungergefühl und lassen ganze Mahlzeiten ausfallen, ohne es zu merken.

Wenn wir also die Ernährung als Stressor in deinem Leben unter die Lupe nehmen, dann geht es vor allem darum, dass deine Ernährung dir dabei helfen kann, Stress besser zu vertragen beziehungsweise die durch Stress entstandenen freien Radikale in deinem Körper außer Gefecht zu setzen. Außerdem ist eine gesunde Ernährung die Grundlage für einen gesunden Körper und damit auch ausschlaggebend dafür, wie gut er Belastungen wegstecken kann. Du kannst deinen Stress mit bestimmten

Lebensmitteln also nicht einfach „wegessen". Du kannst deinem Körper aber die Stoffe liefern, die ihm helfen, Stress besser zu verkraften. Und deshalb lautet meine erste Aufgabe für dich: Denk ab heute jedes Mal, wenn du zu ungesunden Lebensmitteln greifst, und sei es nur ein winziges Stück Schokolade, kurz darüber nach, ob vielleicht gerade irgendetwas dein Stresslevel hat ansteigen lassen. Und auch wenn dir nichts einfällt, dann notier dir den Griff zur Schoki in deinem Stresstagebuch. Vielleicht ergibt sich ja später noch ein Zusammenhang.

Aufgabe Nummer zwei ist eigentlich ein Rat: Achte auf einen gesunden Lebensstil im Alltag. Dazu gehört eine frische, gemüselastige und ausgewogene Ernährung – ist klar –, aber auch regelmäßige, im besten Fall sportliche Bewegung, eine geregelte Schlafroutine und ausreichend Selbstfürsorge. Wie gesagt, du darfst auch mal über die Stränge schlagen und dir etwas Ungesundes gönnen. Aber es sollte nie die Regel sein! Das gilt auch für diese eine Nacht, in der man mal nicht genügend schläft, für eine kurze Zeit, in der die Bewegung hintenüberfällt und, und, und. Manchmal zwingen uns die Umstände, die guten Routinen für einen Moment auszusetzen, weil einfach andere Dinge bewältigt werden müssen. Aber je mehr du in den anderen Lebensphasen auf dich achtest, desto weniger belasten diese kleinen Aussetzer deinen Körper und desto stärker bist du im Alltag.

So, um dir den Weg vielleicht ein bisschen zu erleichtern, habe ich dir auf dem heutigen Arbeitsblatt meine vier absoluten Lieblingsrezepte zusammengestellt. Die sind alle superschnell gemacht, richtig gesund und stecken voll mit all den wichtigen Nährstoffen, die dein Körper braucht. Ich freue mich, wenn du sie ausprobierst! Bis morgen!

REZEPTE FÜR DIE EXTRAPORTION POWER

Diese vier Rezepte stecken voller Vitamine und Antioxidantien, die deinen Körper stärken. Außerdem sind sie superschnell gemacht und passen auch an einem vollgepackten Tag in deine Zeitplanung.

POWER AM MORGEN:

Overnight-Oats mit Beeren
50 g Haferflocken,
150 ml Pflanzendrink oder Milch, 1 TL Leinsamen,
frische Beeren (z. B. Blaubeeren)

Die Haferflocken zusammen mit Leinsamen und Milch in ein Weckglas geben, verrühren und über Nacht in den Kühlschrank stellen. Am nächsten Morgen die Beeren waschen, dazugeben, und fertig ist das Frühstück.

VITAMINBOMBE ZUM MITTAG

Möhren-Ingwer-Suppe
1 Zwiebel, 2 Knoblauchzehen, 20 g Ingwer, 500 g Möhren, 1 EL Öl, ½ l Gemüsebrühe, 60 ml Kokosmilch, 1 EL Limettensaft, Salz, Pfeffer

Zwiebel, Knoblauch und Ingwer schälen und fein würfeln. Möhren schälen und in grobe Stücke schneiden. In einem großen Topf das Öl erhitzen, darin Zwiebel, Knoblauch und Ingwer glasig dünsten. Möhren dazugeben und weitere 3 Minuten dünsten. Mit Gemüsebrühe ablöschen und 15 Minuten mit geschlossenem Deckel köcheln lassen. Alles mit einem Stabmixer fein pürieren und die Kokosmilch dazugeben. Kurz durchziehen lassen und mit Limettensaft, Salz und Pfeffer würzen.

GO GREEN FÜR ZWISCHENDURCH

Grüner Smoothie

150 g Feldsalat, 1 Mango, 1–2 Stangen Staudensellerie, 1 reife Banane, 1 TL Honig oder Agavendicksaft, 1 l stilles Wasser

Feldsalat putzen und gründlich waschen. Mango schälen und das Fleisch vom Stein schneiden. Staudensellerie putzen, waschen und grob schneiden. Alle Zutaten in einen Standmixer geben oder mit einem Pürierstab zu einer geschmeidigen Masse mixen.

AROMA-EXPLOSION AM ABEND:

Orientalischer Kichererbsensalat

2 Dosen Kichererbsen, 1 rote Spitzpaprika, 2 Tomaten, 1 rote Zwiebel, 1 Granatapfel, 1/2 Bund Koriander, 1 Zitrone, 4 EL Olivenöl, 2 EL Weißweinessig, 1 Prise gemahlener Kreuzkümmel, Salz, Pfeffer, 100 g Feta

Kichererbsen in einem Sieb gut abtropfen lassen. Paprika und Tomaten waschen, putzen und in Spalten schneiden. Zwiebel schälen und in feine Streifen schneiden. Den Granatapfel rundherum einschneiden, in Stücke brechen und die Kerne herauslösen. Koriander waschen, trocknen, die Blätter abzupfen und fein hacken. Die vorbereiteten Zutaten in einer Salatschüssel vermengen. Für das Dressing die Zitrone auspressen und den Saft mit dem Öl vermischen. Essig, Kreuzkümmel, Salz und Pfeffer unterrühren. Das Dressing über den Salat geben, den Feta zerkrümeln und drüberstreuen.

*Heute zeige ich dir meine Lieblingsübungen,
mit denen ich akute Stresssituationen meistere*

Hey, schön dich zu sehen! Nachdem wir die letzten Tage ziemlich intensiv über Methoden und Verhaltensweisen gesprochen haben, die grundsätzlich und langfristig dazu beitragen können, dass sich dein Stresslevel reduziert, möchte ich dir heute meine drei Lieblingsübungen präsentieren, die mir in akuten Stresssituationen wirklich schnell helfen, mich wieder ein bisschen zu beruhigen. Denn mal ehrlich – selbst wenn du jetzt beginnst, deinen Lebensstil umzukrempeln, schon die ersten neuen Strukturen in deinen Alltag einbaust und mindestens einmal am Tag deine Atemübungen machst – ein ganzheitliches Stressmanagement zu entwickeln und aufzubauen, braucht etwas Zeit. Neue Gewohnheiten dauerhaft im Alltag zu etablieren, kann schon mal bis zu zwölf Wochen dauern. Nimm dir diese Zeit und gib sie dir auch. Denn nur so kannst du langfristig zur Ruhe kommen und etwas ändern.

So, was aber ist bis dahin mit diesen kleinen Stresstropfen, die wie aus dem Nichts das Fass zum Überlaufen bringen? Du weißt schon, das sind diese Situationen, die dein gesamtes Konstrukt einstürzen lassen, weil zum Beispiel der Bahnverkehr plötzlich auf unbestimmte Zeit liegen bleibt oder die Schule anruft, weil ein Kind in der Klasse Läuse hat, und du nun nach Feierabend noch sämtliche Textilien des Haushalts plus Kinderkopf in der Anti-Läuse-Lotion einweichen musst. Ich meine diese Situationen, die dich von jetzt auf gleich auf 180 bringen. Was tut man dann?

1. ÜBUNG: DIE PAUSENTASTE DRÜCKEN

Also, meine Lieblingsübung Nummer eins ist folgende: Sobald so eine Stresssituation aufploppt, drücke ich erst einmal die Pausentaste. Ich nehme mich bewusst aus der Situation heraus, setze mich irgendwo hin und schließe erst einmal die Augen. Ich konzentriere mich auf meine Körpermitte und atme währenddessen dreimal tief ein und aus. So, und vor allem denke ich dabei weder an den Schienenersatzverkehr, der garantiert noch 'ne Stunde braucht, bis er eintrudelt, und auch nicht an die Läuse, die mit Sicherheit schon alle Kuscheltiere eingenommen haben. Nein, ich denke an den letzten Urlaub oder an ein anderes schönes Erlebnis und lasse kurz Ruhe in meinen Kopf einkehren. Nach dieser kurzen Zeit des Sammelns lenke ich meinen Fokus wieder auf das Problem beziehungsweise auf den Stressauslöser. Und ganz ehrlich – meistens sieht er dann gar nicht mehr so wild aus wie noch vor ein paar Minuten.

In der Psychologie nennt man diese Vorgehensweise die Freeze-Frame-Methode. Sie ist tatsächlich eine Art Pausentaste für die Stressauslöser, super einfach und absolut effektiv. Denn – das haben Wissenschaftler der Stanford-Universität ermittelt – unsere Gedanken können tatsächlich körperliche Reaktionen beeinflussen. Durch die ruhige, bewusste Atmung schaltest du sozusagen den Alarmmodus ab, durch die positiven Gedanken an etwas Schönes milderst du den Druck, und letztlich sieht alles nur noch halb so schlimm aus.

2. ÜBUNG: DEN KOPF FESTHALTEN

Meine Übung Nummer zwei gegen akuten Stress geht so: Ich lege eine Hand flach auf die Stirn und die andere Hand etwa auf Augenhöhe auf den Hinterkopf – so, dass ich praktisch meinen Kopf von vorne und hinten mit sanftem Druck festhalte. Dann schließe ich die Augen und halte die Position für etwa 30 Sekunden. Das bringt einen so richtig schön zur Ruhe, und die Gedanken haben die Möglichkeit, sich neu zu sortieren.

3. ÜBUNG: GRIMASSEN SCHNEIDEN

Wenn du wie ich dazu neigst, in angespannten Situationen in wahrsten Sinn des Wortes „die Zähne zusammenzubeißen", ist diese dritte Übung perfekt für dich. Ich ziehe mich kurz an einen ruhigen Ort zurück und schneide ein paar Grimassen. Ja, du lachst, aber das hilft tatsächlich! Dann gähne ich zum Beispiel, mache kleine Kaubewegungen, schiebe den Kiefer vor und zurück und nach links und rechts. Durch die aktive Bewegung lösen sich die verspannten Muskeln, und damit fällt auch direkt etwas von der Anspannung ab. Und auch wenn man sich dabei definitiv etwas albern vorkommt – es tut wirklich gut, das Gesicht einmal schön durchzuruckeln. Und: Du wirkst dem Stress sofort erfolgreich entgegen.

Ich wünsche dir viel Spaß beim Ausprobieren und bin gespannt, welche Übung dir am besten hilft. Und damit beenden wir auch schon deine zweite Coachingwoche. Toll, dass du am Ball bleibst! Glaub mir, ich weiß, wie zeit- und arbeitsintensiv dieser Prozess ist. Und obwohl dich dein Alltagsstress sicherlich noch immer hier und dort im Griff hat, bist du genau auf dem richtigen Weg. Bleib dran, ich weiß, du kannst das! Wir sehen uns morgen wieder und starten gemeinsam aktiv in Woche drei.

Morgens ist unser Energiefass noch gut gefüllt, aber je mehr Stress wir empfinden, desto rasanter leert es sich

Hey, schön, dass du da bist! Heute startet schon Woche drei deines Coachings, Wahnsinn! Tja, und weil wir uns bisher vor allem darauf konzentriert haben, herauszufinden, wer und was deine persönlichen Stressoren sind oder sein könnten, ist es an der Zeit für eine weitere wichtige Komponente im Stressmanagement: Heute starten wir mit der Gegenoffensive und stellen deinem Stress aktiv ein paar Widersacher in den Weg. Aktivität ist hier das Zauberwort. Mit kleinen Alltagsritualen, die dir Kraft geben und die dir Spaß machen, kannst du gezielt dafür sorgen, dass dir Stress gar nicht mehr so viel anhaben kann.

Ein wunderbares Bild dafür ist das „Energiefass". Stell dir ein volles Glas Wasser vor, das ist dein Energiefass – also dein Energiespeicher. Am Morgen ist dieses Energiefass im Idealfall so gut wie voll. Vorausgesetzt, du hast gut geschlafen, ordentlich gegessen und nicht zu viele Sorgen oder unerledigte Dinge auf der langen Bank sitzen. Weil das aber leider meistens nicht so ist, ist dein Energiefass bereits morgens nicht komplett gefüllt, sondern wahrscheinlich eher so drei viertel voll. In stressigen Zeiten ist sogar morgens nur noch eine kleine Pfütze im Glas. Aber gehen wir jetzt mal davon aus, dass du zu Beginn des Tages wirklich einigermaßen energiegeladen bist – dann geht für die ersten Abläufe zu Hause schon Energie drauf. Dann geht's ab zur Arbeit samt Stau, unterwegs erledigst du noch schnell den Einkauf und telefonierst in der einen oder anderen privaten Angelegenheit. Im Job selbst ist natürlich auch einiges zu tun und schwupp, ist dein Glas – dein Energiefass – zur Mittagspause nur noch halb voll oder sogar noch leerer. Spätestens jetzt ist klar, dass der Rest deiner Energie wahrscheinlich nicht oder nur sehr knapp für den zweiten Teil des Tages reichen wird. Es sei denn, du hast eine Quelle, aus der du dein Energiefass immer wieder auffüllst. Diese Quelle sind die besagten Alltagsritualen gegen Stress. Wenn du dir nämlich regelmäßig Zeit für dich nimmst, in der du Dinge tust, die dir guttun, dann ist das wie ein kleiner Zwischenstopp an der Tankstelle. Und statt erst zu tanken, wenn die Reserveleuchte blinkt, um das Liegenbleiben zu verhindern, solltest du dafür sorgen, dass die Reserveleuchte überhaupt nicht zum Einsatz kommt. Sprich – je regelmäßiger du dein Energiefass am Tag auffüllst, desto resistenter wirst du gegen Stress. Also, überleg mal, welche kleinen, aber auch großen Dinge dir Energie geben.

Bei mir sieht das so aus: Einer meiner größten Energielieferanten ist mein Hund Primus. Eine große Hunderunde im Grünen gehört zu meinen liebsten Energie-Auflade-Ritualen überhaupt.

Auf Platz zwei kommt meine Morgenroutine. Und damit meine ich jetzt nicht Zähneputzen und Pausenbrote schmieren. Ich habe mir angewöhnt, dass ich mir nach dem Aufstehen eine halbe Stunde nehme, in der ich mich bewusst entspanne – und zwar bevor der ganze Trubel losgeht. Dann mache ich mir einen Kaffee, setze mich ans offene Fenster und beobachte einfach nur, was draußen so passiert. Dabei konzentriere ich mich auf meine Atmung und versuche, alle Gedanken einfach loszulassen. Das braucht ein bisschen Übung, aber mit der Zeit wird es immer einfacher, nicht zu grübeln und To-dos im Kopf zu sortieren, sondern einfach nur im Moment zu sein und ihn zu genießen.

Platz drei meiner täglichen Anti-Stress-Rituale ist ein Abendritual – bevor ich in die Koje hüpfe, lasse ich den Tag noch einmal Revue passieren. Aber nicht, um festzustellen, was ich alles wieder nicht geschafft habe, sowas machen wir ja nicht mehr, sondern um mir selbst vor Augen zu führen, was ich alles gewuppt habe. Denn selbst wenn viel liegen geblieben ist – du hast garantiert trotzdem noch jede Menge gemeistert. Lob dich dafür am Abend. Außerdem habe ich ein kleines Dankbarkeitstagebuch, in dem ich jeden Abend ein paar Kleinigkeiten notiere, die mich an dem Tag glücklich gemacht haben. Und wenn's nur ein freundliches Lächeln war, das mir ein fremder Mensch zugeworfen hat, oder ein netter Klönschnack an der Käsetheke im Supermarkt. Im Eifer des Gefechts übersehen wir nämlich gerne mal solche kleinen Glücksmomente, die uns widerfahren. Darum versuche ich, sie mir abends noch mal bewusst vor Augen zu führen. Mit der Zeit nimmst du sie dann auch im Alltag viel bewusster wahr – und schon werden Glückshormone freigesetzt.

Platz vier: Mindestens einmal am Tag versuche ich, meinen Körper mit Bewegung in Schwung zu bringen und zu lockern. Wenn keine Zeit für einen Spaziergang oder Sport ist, dann mache ich zum Beispiel einfach 30 Sekunden lang den Hampelmann. Danach strecke ich meinen ganzen Körper, recke erst den rechten, dann den linken Arm nach oben, so weit es geht, und zum Schluss lasse ich noch ein wenig die Schultern kreisen – erst nach vorne und dann nach hinten. Ahhh, herrlich.

So, und jetzt kommt mein Platz fünf – wobei das auf keinen Fall der letzte Platz auf dem Treppchen ist: Ich tue einmal am Tag etwas „Sinnloses". Das kann ein Spiel auf dem Handy sein, eine Runde Videos schauen in den sozialen Medien, zum Beispiel auf TikTok oder Instagram, oder ich hör mir 'nen Podcast an, der mich jetzt wissenstechnisch nicht weiterbringt, sondern einfach nur unterhaltsam ist. So eine sinnlose Auszeit ist sozusagen ein Kurzurlaub für die grauen Zellen.

Und du weißt ja, einmal am Tag gönne ich mir auch die im Wochenkalender eingetragene Auszeit nur für mich, die ich dann aber ganz bewusst mit Selbstfürsorge fülle. Also mit etwas, das mich glücklich macht, mir Spaß macht oder mir einfach nur guttut. Was das ist, hängt ganz davon ab, wonach mir gerade ist. Das kann ein heißes Bad sein, ein Besuch in der Sauna, eine Runde Tennis mit einem Kumpel ...

Du siehst, kleine Rituale gegen Stress in den Alltag einzubauen, ist gar nicht so schwer. Also, schau doch mal in das heutige Arbeitsblatt und notier all die Dinge, die dein Glas zwischendurch wieder auffüllen können. Du weißt schon: kleine Glücklichmacher für zwischendurch. Von der Tasse Tee am Bürofenster über den Spaziergang in der Mittagspause oder was auch immer sonst gut zu dir passt und nicht viel Zeit in Anspruch nimmt. Und wie gesagt: Diese kleinen Glücklichmacher gibt es zusätzlich zu deiner täglichen Zeit für dich, die du im Wochenplan eingetragen hast.

So, ich gönne mir jetzt erst mal einen schönen Latte macchiato, vielleicht sogar mit Keks, falls ich noch einen finde. Der füllt mein Fass jetzt ganz sicher auf.

Wir sehen uns morgen wieder!

DEINE GLÜCKLICHMACHER

Überleg, welche kleinen Glücklichmacher du in deinen Alltag einbauen könntest. Wichtig ist, dass sie gratis sind oder nicht viel kosten – und dass sie nicht viel Zeit in Anspruch nehmen.

SCHREIB 10 GLÜCKLICHMACHER AUF, DIE DIR NEUE ENERGIE SCHENKEN KÖNNTEN.

_____
_____
_____
_____
_____
_____
_____
_____
_____
_____

Mein Tipp

Überleg dir Energiespender für alle Tageszeiten, damit du dein Energiefass immer wieder nachfüllen kannst.

Tag 16

*An sich zu denken hat einen sehr schlechten Ruf.
Dabei ist es gelebte Selbstfürsorge*

Na, wie schaut's aus an der Energiefass-Front? Hast du deine Reserven seit gestern schon mit kleinen Glücklichmachern auffüllen können, oder hat dich dein schlechtes Gewissen doch wieder davon abgehalten und du hast die Zeit für zusätzliche To-dos genutzt? Na – dachte ich's mir doch! Sich Zeit für sich selbst zu nehmen, ist nämlich gar nicht so einfach. Weil wir ein Leben lang eingetrichtert bekommen haben, dass Selbstfürsorge doch ein klitzekleines bisschen egoistisch ist ... Und genau deshalb gehen wir heute noch einmal auf diese Problematik ein.

Für andere da zu sein, fällt den meisten von uns ja relativ leicht, aber wenn es um uns selbst geht – puh, das stinkt immer irgendwie nach Egoismus. Und man hört schon die anderen munkeln: „Meine Güte, ist die aber egoistisch. Die denkt immer nur an sich." Gruselig, oder? Aber so reden wir manchmal über Menschen, die auch mal an sich denken. Die sagen: „Heute helfe ich nicht beim Umzug, nein, heute mache ich was für mich." Aber warum reagieren wir so? Warum stempeln wir das als egoistisch ab? Tja, vermutlich aus den unterschiedlichsten Gründen. Aber viele Menschen haben es tatsächlich einfach so gelernt. Sie haben gelernt, dass es wichtig und richtig ist, sich erst mal für alle anderen abzurackern und dann am Ende vielleicht auch noch kurz auf sich zu schauen. Wenn dann noch ein Stück vom Kuchen übrig ist. Und wenn nicht: Hauptsache, alle anderen sind satt. Ich bin nicht so wichtig. Kommt dir das bekannt vor?

Tja – ab heute laufen die Dinge anders. Denn heute wissen wir: Diese Rechnung geht auf Dauer nicht auf! Wenn du immer nur gibst und gibst und gibst, dann ist dein Energiefass halt irgendwann leer. Dann ist Feierabend. Und damit will ich jetzt nicht sagen, dass Dinge, die wir für andere tun, schlecht sind oder uns nicht glücklich machen können. Ganz im Gegenteil. Aber es sollte sich immer die Waage halten. Spätestens wenn dein Energiefass leer ist und du mit dem Auffüllen nicht mehr hinterherkommst, musst du anfangen, wieder an dich zu denken.

Im Grunde ist das so wie mit den Sauerstoffmasken im Flugzeug: Nur wer zuerst sich selbst versorgt, kann anschließend – anschließend! – anderen helfen. Und so solltest du es auch handhaben, wenn es um dein Engagement für andere geht: Sich zu kümmern ist super, aber bitte kümmere dich vorher darum, dass dein Energiefass nachgefüllt wird. Nur dann kannst du auch wirklich für andere da sein, ohne dich selbst aufzuopfern.

Und bitte versteh das nicht falsch: Hier geht es nicht darum, dich selbst vor alle und alles andere zu stellen. Es geht darum, dass du dich EBENSO WICHTIG nimmst, wie alle anderen Menschen und Aufgaben. Du bist wertvoll, und du hast es verdient, dich um dich zu kümmern! Es geht also darum, einen „gesunden Egoismus" zu entwickeln, damit du dich nicht selbst aus den Augen verlierst.

So, und das funktioniert am besten, wenn du aktiv an deiner Selbstfürsorge-Routine arbeitest. Darauf zu hoffen, dass du irgendwann mal an der Reihe bist, ist nämlich überhaupt keine gute Taktik. Du hast es selbst in der Hand. Eine wunderbare Möglichkeit, mal etwas wirklich nur für dich zu tun, ist ein Anti-Stress-Tag, den du für dich ganz allein reservierst. Und zwar von morgens bis abends – ein ganzer Tag nur für dich, ohne Verpflichtungen, ohne andere, die was von dir wollen. Klingt doch herrlich, oder? Im Idealfall ist das mindestens ein ganzer Tag pro Monat, noch besser alle zwei Wochen.

An diesem wunderbaren Tag machst du etwas, das du nur für dich allein machst. Was du schon immer auf der Liste hattest, wofür aber immer die Zeit fehlt. Das kann ein Tagesausflug ans Meer sein, wenn sich das streckentechnisch realisieren lässt. Oder du machst einen Ausflug in eine Stadt in deiner Nähe, gehst ausgiebig frühstücken und Kaffee trinken, machst einen Ausflug ins Museum oder schwingst dich aufs Fahrrad und lässt dich einfach nur treiben. Wenn du etwas mehr Action willst, kannst du natürlich auch etwas Aufregendes machen, wie zum Beispiel einen Fallschirmsprung oder einen Besuch beim Friseur für einen komplett neuen Haarschnitt – ganz egal. Wichtig ist nur, dass du den ganzen Tag für dich reservierst und Zeit mit dir verbringst. Denn das haben wir ebenfalls verlernt.

Also, schnapp dir das Arbeitsblatt von heute und überleg, welche Dinge du schon immer mal machen wolltest. Dabei ist es ganz egal, ob das ein Blumen-Workshop, ein ausgiebiger Stadtbummel oder ein Segelflug ist. Alle tagesfüllenden Aktivitäten, von denen du glaubst, dass sie dir Spaß machen könnten, kommen jetzt auf die Liste. Selbst wenn du dir nicht sicher bist, ob sie dich glücklich machen werden. Wenn du zum Beispiel schon immer mal einen Reitkurs machen wolltest und dann feststellst, dass das doch nichts für dich ist – super! Du hast etwas über dich gelernt und einen Punkt auf der „Dinge, die ich immer mal machen wollte"-Liste abgehakt. Denn nur dadurch, dass du Dinge aktiv gestaltest, sie ausprobierst und wagst und auch mal aus deiner Komfortzone kommst, kannst du herausfinden, was dich wirklich glücklich macht und was nicht. Also, schreib alles auf, was dir so in den Kopf kommt, selbst wenn es ein wenig verrückt ist.

Als Zweites nimmst du deinen Wochenplaner und schaust, dass du für die nächsten Monate mindestens einen Tag im Monat für dich reservierst. Trag auch gleich eine Aktivität dazu ein. Wenn du kannst, ruhig alle zwei Wochen. Und wenn sich dein schlechtes Gewissen dabei meldet und laut „Egoismus!" schreit, dann blend das aus. Du bist nicht egoistisch. Denk an die Sauerstoffmasken im Flugzeug. Nur wenn du gut versorgt bist, kannst du anderen helfen und beistehen.

Tja, und dann musst du deinen Tag nur noch in die Tat umsetzen. Betrachte die Sache am besten so, als hättest du gerade ein Date mit deiner großen Liebe ausgemacht. Das würdest du ja auch nicht einfach so sausen lassen. Vergiss nicht: Du bist eine der wichtigsten Personen in deinem Leben, und es wird Zeit, dass du dich auch so behandelst.

Ich lasse dich jetzt in Ruhe schreiben. Bis morgen und – gönn dir was!

DEIN ANTI-STRESS-TAG

Was solltest du schon immer mal machen? Welche Aktivitäten wolltest du schon immer mal ausprobieren. Schreib alles auf, was dir dazu einfällt. Du kannst auch einen kompletten Tag gestalten und vom Frühstück bis zum Abendessen durchplanen. Hauptsache, er gehört nur dir allein.

_____
_____
_____
_____
_____
_____
_____
_____

Mein Tipp

Trag deine Anti-Stress-Tage noch heute in den Kalender ein. Damit schaffst du eine gewisse Verbindlichkeit.

*Heute erfährst du mehr über das absolute
Wundermittel gegen Stress*

Hallo! Schön dich zu sehen! Ich falle direkt mit der Tür ins Haus: Heute geht es um Bewegung. Dass regelmäßige Bewegung und Sport gut für deinen gesamten Körper und deine Gesundheit sind, ist ja kein großes Geheimnis. Aber was haben Sport und Stress im Speziellen miteinander zu tun? Richtig: Nach einem pickepackevollen Tag hat man meistens überhaupt keinen Bock mehr, sich noch zum Joggen, Tennis oder Yoga aufzuraffen. Dann will man einfach nur noch auf die Couch. Hmmm, aber mal ehrlich, was passiert dann in deinem Kopf auf der Couch? Genau, du überlegst, was du jetzt eigentlich noch erledigen könntest oder solltest, was morgen ansteht und was dich heute so richtig zur Weißglut getrieben hat. Und schon steigt dein Stresspegel wieder an oder er geht gar nicht runter, und das Gedankenkarussell wird zur Achterbahn – obwohl du doch einfach nur entspannen wolltest.

Aber wieso ist das so? Wieso können wir nicht einfach abschalten und loslassen? Expertinnen und Experten sagen, dass es vor allem daran liegt, dass wir Stress aktiv entgegentreten müssen, um ihn loszuwerden beziehungsweise um ihn zu reduzieren. Neben unseren Listen und Zeitplänen, gesunder Ernährung oder dem Entlarven und Ausschalten deiner Stressoren ist Bewegung tatsächlich eine weitere tolle Möglichkeit, um Stress im Alltag loszuwerden – und zwar auch oder besser gesagt ganz besonders am Ende eines nervenaufreibenden Tages. Denn Bewegung ist ein wahres Wundermittel gegen Stress.

Denn auch wenn es sich vielleicht ein bisschen widersprüchlich anhören mag: Stress lässt sich am besten reduzieren, wenn man bewusst einen neuen Anspannungsreiz setzt. Wichtig ist, dass auf diesen Reiz dann aber auch wirklich Entspannung folgt. Darüber haben wir an Tag 1 ja schon gesprochen – du erinnerst dich? Die Sache mit dem Mammut, dem Kampf und der Flucht. Durch die körperliche Aktivität aufgrund einer akuten Gefahr sinkt der Stresspegel, wenn du dem Tiger entwischt bist. Oder wenn du ihn fertiggemacht hast, je nachdem, ob du dich für Kampf oder Flucht entschieden hast.

So, und wie du ja auch schon weißt, bleibt diese körperliche Aktivität heute eben meistens aus, weil wir nicht mehr wegrennen müssen. Und der Stresspegel, der aufgrund von Sorgen, Termindruck oder Überlastung entstanden ist, fällt nur schwer wieder ab. Genau deshalb ist es auch so effektiv, wenn du dich nach einem stressigen Tag noch zum Sport aufraffst. Durch die Bewegung gelangt nämlich vermehrt Sauerstoff in unsere Zellen und der Kreislauf und der Stoffwechsel kommen in Schwung. Außerdem werden Glückshormone wie Serotonin und Endorphin ausgeschüttet, die nicht nur stimmungsaufhellend wirken, sondern auch deinen Stresshormonpegel sinken lassen. Wenn du dich also nach einem Tag voller Termine, Konflikte und Sorgen bewegst, simulierst du sozusagen die Flucht beziehungsweise den Kampf, die in Urzeiten dafür gesorgt haben, dass nach dem Stress Entspannung eintritt.

Und das ist noch nicht alles. Sport kann nämlich noch viel mehr: Regelmäßiger Sport sorgt für eine bessere Sauerstoff- und Blutversorgung des Gehirns, fördert die Konzentrationsfähigkeit und ist damit auch ein Fitmacher für deinen Geist. Gleichzeitig ist er die beste Ablenkung von negativen Gedanken. Wenn ich mich beim Tennis so richtig schön reinhänge, dann fokussiere ich mich nur auf den Ball und das Spiel. So, und schon habe ich während der Tennisstunde nicht nur keine Sekunde über blöden Kram gegrübelt, sondern auch gedanklich Abstand zu den stressigen Dingen gewinnen können. Tja, und dann sieht vieles, was vorm Tennis noch super belastend war, nur noch halb so schlimm aus. Wenn du also regelmäßig Sport in deinen Alltag einbaust, schaffst du dir regelmäßige Auszeiten, stärkst deinen Körper, baust Stresshormone ab und – und das ist richtig genial – du trainierst sogar die Ausschüttung von Stresshormonen, was im Umkehrschluss dazu führt, dass du auf Dauer resistenter gegen Stress wirst.

Und auch das ist noch nicht das Ende meiner Lobeshymne auf den Sport. Eine weitverbreitete körperliche Folge von anhaltendem Stress sind ... genau ... Rückenschmerzen. Die haben nämlich einen festen Pakt mit dem Stress geschlossen und treten deshalb super gerne gemeinsam mit ihm auf. Entweder weil die Rückenschmerzen körperliche Ursachen haben und uns zusätzlich unter Stress setzen oder weil die Muskeln aufgrund von dauerhaftem Stress so sehr verspannen, dass wir dadurch Rückenschmerzen bekommen. Häufig sind nämlich lang anhaltende Stresssituationen der Grund für Dauerverspannungen der Rücken-, Schulter- oder Nackenmuskulatur. Tja, und trotzdem werden leider oft ausschließlich zu schwache Muskeln, abgenutzte Bandscheiben, schlechte Haltung oder andere mechanische Probleme als Ursache für Rückenprobleme gesehen. Dabei weiß man inzwischen, dass der seelische Zustand eine mindestens genauso wichtige Rolle spielt wie Verschleiß und andere körperliche Gründe. So sind psychische Be- und Überlastung und damit chronischer Stress Auslöser für viele Bandscheibenvorfälle.

So, und was hilft dagegen? Genau – ein effektives Stressmanagement, Stressreduktion und Bewegung! Vor allem, wenn du viel am Schreibtisch arbeitest oder deine Arbeit dich körperlich fordert, wie zum Beispiel in der Pflege, sind regelmäßige Dehn- und Lockerungsübungen wichtig, um Fehlhaltungen, Verspannungen und damit auch Rückenschmerzen vorzubeugen. Wenn sie nämlich erst einmal da sind, dann verfallen wir oft in eine Schonhaltung. Die bewirkt langfristig allerdings nicht, dass die Rückenschmerzen weggehen, sondern das Gegenteil. Die Verspannungen nehmen zu, und die Schmerzen werden stärker. Und damit beginnt der Teufelskreis – du bekommst aufgrund von Stress Rückenschmerzen und die setzen dich zusätzlich noch mehr unter Stress. Damit es gar nicht so weit kommt, beziehungsweise um den Teufelskreis zu durchbrechen, wenn du schon drinsteckst, möchte ich heute ein wenig mit dir turnen und dir meine liebsten Alltagsübungen für den Rücken zeigen. Sie sind auf dem heutigen Arbeitsblatt genau beschrieben. Das kannst du gerne mit ins Büro nehmen oder zu Hause so an die Wand hängen, dass du die Übungen immer wieder siehst. Dann vergisst du garantiert nicht, sie zwischendurch in deinen Alltag einzubauen.

Du brauchst keine Hilfsmittel für die Übungen und kannst sie so gut wie überall machen. Als Erstes wird die Rückenmuskulatur aktiviert, danach gibt es drei Übungen, um den Körper zu strecken, die Brust und danach die Halswirbelsäule zu dehnen. Mach die Übungen langsam, spür in deinen Körper hinein, nimm wahr, wie er sich streckt und dehnt. Bei Übung 3 solltest du sehr vorsichtig sein, wenn du gesundheitliche Probleme mit der Halswirbelsäule hast beziehungsweise sie ganz weglassen. Und auch grundsätzlich gilt: den Hals niemals mit Druck überstrecken – egal, in welche Richtung.

So, fassen wir zusammen: Aktive Bewegung hilft nicht nur, Stress zu reduzieren, sondern sorgt auch dafür, dass er dir nicht mehr so viel anhaben kann. Vor allem, wenn du sie regelmäßig in deinen Alltag einbaust. Und wenn du jetzt sagst: „Nee, Sport ist einfach nicht mein Ding", dann sind auch ein strammer Spaziergang oder eine kleine Radtour völlig in Ordnung. Auch sie helfen dabei, Stress abzubauen und Glückshormone auszuschütten. Wichtig ist nur: Setz dich dabei nicht zusätzlich unter Druck. Man könnte auch sagen: Setz dich nicht unter Leistungsdruck. Das ist hier nämlich kein Wettkampf. Und ein überzogener Leistungsgedanke kann unter Umständen zu noch mehr Stress führen. Deshalb: Gut ist jede Form von Bewegung, die deinen Kreislauf in Schwung, dich vielleicht etwas außer Atem und vor allem aber deine gute Laune zum Vorschein bringt. Der Spaß an der Sache hat also oberste Priorität. Dann ist der Schweinehund auch nicht so groß, den du überwinden musst, um dich nach einem stressigen Tag noch aufzuraffen.

Also, los geht's! Vielleicht hast du sogar jetzt noch Lust auf einen kleinen Gang um den Block. Ich dreh auf jeden Fall noch 'ne schnelle Runde, und dann sehen wir uns morgen wieder.

GUT GEGEN RÜCKENSCHMERZEN

Bewegung ist Balsam für deine körperliche und seelische Gesundheit. Weil es aber an manchen Tagen einfach nicht machbar ist, Sport zu treiben, kannst du den stressbedingten Rückenschmerzen mit diesen Übungen für zwischendurch ein Schnippchen schlagen.

DEN RÜCKEN AKTIVIEREN

Stell dich ganz aufrecht mit dem Rücken an die Wand und press deinen Körper etwa 30 Sekunden lang gegen die Wand. Spann dabei bewusst alle Muskeln in Bauch, Po und auch im Rücken an. Drei- bis viermal wiederholen.

DEN KÖRPER STRECKEN

Du stehst aufrecht, die Beine hüftbreit auseinander, der rechte Fuß ist etwas nach hinten versetzt, der Oberkörper bleibt gerade. Nun den rechten Arm am Körper entlang nach unten strecken, gleichzeitig den linken Arm nach oben strecken. Die rechte Handfläche zeigt dabei zum Boden und die linke zur Decke. Jetzt die Arme auseinanderziehen und das Ganze für etwa zehn Sekunden halten. Die Seiten wechseln und die Übung wiederholen.

DIE BRUST DEHNEN Du stehst aufrecht, die Beine hüftbreit auseinander, der Oberkörper bleibt gerade. Nun beide Arme seitlich nach hinten führen, bis eine deutliche Dehnung zu spüren ist, die Handflächen zeigen zur Decke. Die Position etwa 15 Sekunden halten und in die Dehnung hineinfühlen. Achtung, nicht ins Hohlkreuz fallen!

DEN NACKEN DEHNEN Du sitzt aufrecht auf einem Stuhl. Nun den Kopf langsam nach hinten in den Nacken legen und nach rechts neigen. Das Gesicht ebenfalls nach rechts drehen und die Position kurz halten. Ganz langsam wieder aufrichten und die Übung nach links wiederholen. Danach zu jeder Seite noch zweimal wiederholen. Anschließend den Kopf wieder in die Ausgangsposition zurückführen und das Kinn so nach hinten ziehen, dass ein Doppelkinn entsteht. 10 Sekunden halten und langsam lösen.

Mein Tipp

Nutz den Weg von der Arbeit nach Hause und geh einfach mal eine Strecke zu Fuß. Versuch dabei, ganz im Moment zu sein und jeden Schritt bewusst wahrzunehmen. So schaltest du ab und tust auch noch was für dein tägliches Schritte-Konto.

*Ist dein Glas halb voll
oder halb leer?*

Hey, da bist du ja wieder! Mittlerweile steuern wir ja fast schon auf das Ende deiner dritten Coachingwoche zu, und vielleicht freust du dich sehr darüber, wie weit du bereits gekommen bist. Vielleicht bist du aber auch traurig, dass schon mehr als die Hälfte unserer gemeinsamen Zeit vorüber ist. Tja, was soll ich sagen – in solchen Momenten stellt sich oft die Frage, ob das Glas halb voll oder halb leer ist. Ich weiß, ich weiß, diese Metapher ist schon ein bisschen ausgelutscht. Aber sie zeigt eben sehr deutlich, wie unterschiedlich wir Menschen ticken, obwohl wir dieselbe Situation beurteilen.

Leider tendieren viele Leute dazu, sich im Leben mehr auf das Negative zu fokussieren als auf das Positive. Und dann wird auch gerne mal gejammert. Weil die Bahn vor der Nase weggefahren ist, weil es seit drei Tagen regnet oder weil sowieso einfach nur alles ein großer Mist ist. Versteh mich nicht falsch, wenn Dinge schieflaufen, muss man sie nicht schönreden. Es gibt schlechte Momente, und sie sollten auch als solche angesehen werden. Es ist eben nicht immer alles eitel Sonnenschein. Wenn du dich aber ausschließlich auf die schlechten Seiten einer Situation konzentrierst, dann senden die negativen Gefühle Alarmsignale an deinen Körper, sodass Stresshormone ausgeschüttet werden. Eine negative Grundeinstellung kann also dazu beitragen, dass dein Stresslevel erhöht wird. Wenn du die Dinge allerdings mit einer positiven Grundeinstellung betrachtest und beurteilst, dann kannst du sogar Stress reduzieren. Positives und optimistisches Denken stärkt nämlich deine Resilienz, macht dich seelisch widerstandsfähiger und lenkt deinen Fokus selbst in schwierigen Zeiten auf die Möglichkeiten, die sich daraus eröffnen könnten. Außerdem hilft eine positive Grundeinstellung dabei, dir selbst zu vertrauen, Dinge anzugehen und sie aus eigener Kraft zu lösen.

Allerdings – und das ist das große ABER an der Sache – wer versucht, wirklich alle negativen Dinge, selbst wenn sie noch so besch... sind, ins Positive zu drehen, kann ebenfalls zusätzlichen Stress empfinden. In der Fachsprache wird diese Art des zwanghaften Positivismus auch als toxische, also als giftige, Positivität bezeichnet. Menschen, die zwanghaft versuchen, ausschließlich das Positive an negativen Situationen zu erkennen, lassen irgendwann keine schlechten Gefühle mehr zu oder nur noch sehr selten. Und das wiederum führt dazu, dass ein enormer Druck entstehen kann. Und damit steigt das Stresslevel immer weiter an. Du siehst: Die Wahrheit liegt also wahrscheinlich in der Mitte.

Wenn wir über den Zusammenhang zwischen deiner Grundeinstellung und Stress sprechen, ist ein gesunder Optimismus auf jeden Fall sehr, sehr hilfreich, Stress zu vermeiden beziehungsweise ihn zu reduzieren. Außerdem konnte mittlerweile belegt werden, dass Menschen mit einer positiven Grundeinstellung allgemein gesünder leben. Es lohnt sich also gleich doppelt, die eigene Einstellung immer mal wieder zu hinterfragen.

Ist es tatsächlich ein Drama, wenn es mal wieder schüttet? Klar, Regen ist jetzt nicht so schön wie Sonnenschein, aber eigentlich ist das Wetter doch keine Aufregung wert. Außerdem brauchen unsere Wälder dringend eine ordentliche Dusche. Licht und Schatten haben eben beide ihre Berechtigung und sind gleichermaßen wichtig. Wirklich Negatives darf als solches erkannt und anerkannt werden. Positives aber eben auch. Und vor allem – meistens trägt jede Situation ähnlich viel von beidem in sich, du musst nur genau hinschauen. Überleg dazu einfach mal, über welche doofen Dinge du dich heute oder in den letzten Tagen aufgeregt hast, und notier sie auf dem heutigen Arbeitsblatt. Und dann überleg dir, ob du aus dieser negativen Situation beim nächsten Mal etwas Positives machen kannst.

Hier noch ein Beispiel: Du hast morgens die Bahn verpasst und musst jetzt 15 Minuten warten. Jetzt kannst du dich natürlich 15 Minuten lang ärgern und alles verteufeln, was dazu geführt hat. Oder du siehst die 15 Minuten als geschenkte Me-Time, holst dir einen Kaffee und hältst das Gesicht in die Sonne. Oder du hörst deinen Lieblings-Podcast. Oder du machst eine schöne Atemübung am Bahnsteig. Und schon ist das Glas wieder halb voll, auch wenn du eine Viertelstunde zu spät zur Arbeit kommst. Und das ist ja nun auch kein Beinbruch, nicht wahr?

Bis morgen!

DEINE POSITIVE GRUNDEINSTELLUNG

Notier, wann und wo du dich heute oder in den vergangenen Tagen vielleicht zu sehr auf das Negative konzentriert hast. Und dann überleg dir, ob es in der Situation auch positive Aspekte gab.

Mein Tipp

Versuch in den Momenten, wenn Stress in dir aufkommt, kurz gedanklich die Perspektive zu wechseln. Das hilft dabei, auch die positiven Aspekte zu erkennen.

*Ungelöste Konflikte belasten Herz und Seele –
und sorgen für Extrapunkte auf dem Stresskonto*

Hallo und willkommen zurück. Heute geht's um Konflikte mit anderen Menschen und wie sie dich unter Stress setzen können. Und ich möchte mit einer Geschichte beginnen, die mich wirklich sehr schockiert hat.

Die Schwiegereltern einer Bekannten sind schon viele Jahre geschieden. Beide sind glücklich neu liiert, so weit ist also alles gut. ABER – bevor es zur Trennung kam, haben die beiden sich über Monate hinweg angeschwiegen. Wenn sich die Schwiegermutter meiner Bekannten gekränkt, verärgert oder sonst wie auf den Schlips getreten gefühlt hat, hat sie mit der „schuldigen" Person grundsätzlich nicht mehr geredet. Sie hat sich weiter um das Wohl der Familie gekümmert und zum Beispiel die Kinder nach den Hausaufgaben gefragt, aber auf emotionaler Ebene wurde einfach nicht mehr gesprochen. Kein nettes Wort, kein „Ich hab' dich lieb!" und kein „Geht's dir gut?" über Wochen. Kannst du dir das vorstellen? Also, ich würde wahnsinnig werden. So, und bis heute sind all diese unausgesprochenen Konflikte nicht geklärt worden. Wenn die Schwiegermutter nämlich nach einiger Zeit beschlossen hat, dass es jetzt genug ist, wurde einfach weitergemacht, als wenn nichts gewesen wäre. Die Konflikte wurden also erst totgeschwiegen und dann ignoriert, aber niemals geklärt. Was muss das bitte für eine mentale Belastung sein, die diese Familie mit sich herumgetragen hat und auch heute noch mit sich herumträgt? Ich kann es mir kaum vorstellen. Aber ich weiß mittlerweile auch: Diese Geschichte ist kein Einzelfall. Totschweigen und ignorieren – das passiert in vielen Familien, Partner- und Freundschaften. Aber warum? Fakt ist, dass zwischenmenschliche Konflikte einen starken Einfluss auf unsere Stimmung haben und das Stresslevel nach oben treiben. Löst man sie, geht das Stresslevel aber wieder herunter. Löst man sie jedoch nicht, dann sitzen sie uns weiter im Nacken und stressen uns durchgehend. Logisch, wer fühlt sich schon gut damit, wenn da jeden Tag ein rosa Elefant mit am Küchentisch sitzt. So ist es zumindest bei Konflikten innerhalb der Familie. Bei Freundinnen und Freunden kann man den Konflikt womöglich in den Hintergrund drängen, der ploppt dann erst beim Wiedersehen wieder auf.

So, wie kannst du solche stressfördernden Konfliktsituationen vermeiden beziehungsweise auflösen? Das Zauberwort heißt: Konfliktmanagement. Fakt ist nämlich, dass wir Konflikte zwar vermeiden, aber niemals gänzlich verhindern können. Wir sind eben nicht alle gleich gestrickt, haben unterschiedliche Ansichten und setzen unsere Prioritäten an verschiedenen Stellen. Und das ist auch gut so! Dadurch wird die Welt schließlich wunderbar bunt. Um einen Konflikt lösen zu können, ist es daher auch erst einmal wichtig, dass dir klar ist, dass es nicht darum geht, ihn zu „gewinnen". Es geht darum, die andere Seite zu verstehen, selbst verstanden zu werden und eine gute Gesprächsbasis zu schaffen.

1. Steht also ein Konflikt im Raum, dann hinterfrag als Erstes deine eigenen Emotionen. Wie sehr trifft dich die Situation wirklich? Steigerst du dich vielleicht in etwas hinein oder hast du im Allgemeinen vielleicht gerade viel zu viel um die Ohren? Kurz gesagt: Nimm deine Gefühle an und hinterfrag ehrlich deine eigene Position.
2. Such das Gespräch unter vier Augen, ohne den oder die andere damit zu überrumpeln. Manchmal ist deinem Gegenüber gar nicht bewusst, dass gerade etwas zwischen euch steht. Und selbst wenn doch – jeder sollte die Chance bekommen, sich auf das Gespräch vorzubereiten. Sowohl du als auch dein Gegenüber.
3. Wähl deine Worte mit Bedacht, red ruhig und besonnen. Wild formulierte Vorwürfe, Anschuldigungen, Mutmaßungen oder Beleidigungen haben in diesem Gespräch nichts zu suchen. So, und hör auch zu. Lasst euch gegenseitig ausreden und versuch, die Position deines Gegenübers zumindest zu verstehen, auch wenn du sie nicht nachempfinden kannst.
4. Schildere deine Gefühle, ohne anzugreifen. Dafür eignen sich sogenannte Ich-Botschaften besonders gut. Sie zeigen nämlich, dass du ausschließlich von deiner Gefühlslage sprichst und nicht suggerierst, dass die ganze Welt dieser Meinung ist. Schildere deine Sicht der Dinge, ohne vorwurfsvoll zu werden und vor allem: Gib deinem Gegenüber die Möglichkeit, Stellung zu beziehen.
5. Mach Vorschläge für eine Lösung, die für alle Beteiligten gut ist. Versucht gemeinsam, eine Lösung zu finden. Das ist in den meisten Fällen gar nicht so schwer – vorausgesetzt, ihr beide respektiert die Position des anderen wirklich. Wenn ihr euch gegenseitig etwas vormacht und nur so tut, als würdet ihr zuhören und den Konflikt lösen wollen, dann wird das nichts werden.

Ich weiß, in der Theorie hört sich das alles immer ziemlich logisch an, und im Eifer des Gefechts gehen dann doch die Pferde mit dir durch. Das habe ich auch schon erlebt, glaub mir. Was mir zum Beispiel super hilft, damit ich ruhiger in ein Konfliktgespräch gehe, ist Sport. Aber auch jedes andere Anti-Stress-Ritual wie unsere Atemübung oder eine kurze Meditation kann vor so einem Gespräch helfen, sich zu sammeln, zu entspannen und besonnen an die Sache heranzugehen.

So, damit du dich langsam an die Sache herantasten kannst, besteht die heutige Übung aus zwei Teilen. Auf dem Arbeitsblatt findest du ganz viel Platz, um erst einmal zu notieren, mit wem du gerne etwas klären wollen würdest, was dich und eure Beziehung belastet. Für den zweiten Teil der Übung suchst du dir den Konflikt mit der größten Wichtigkeit für dich heraus und schreibst der betroffenen Person dann einen Brief. Keine Angst, du musst diesen Brief nicht abschicken! Es geht allein darum, einmal in Schriftform zu üben, wie du deine Worte wählen und deine Gefühle formulieren könntest. Die Tipps fürs Konfliktmanagement, die wir eben durchgegangen sind, werden dir helfen, die richtigen Worte zu finden. Und denk immer daran: Deine Gefühle sind ebenso wichtig wie die von jedem anderen. Respekt und Ehrlichkeit werden dir helfen, die Situation zu lösen und Konflikte aus der Welt zu schaffen.

Du schaffst das, das weiß ich.
Bis morgen!

DEINE KONFLIKTE – DEINE CHANCE, SIE ZU LÖSEN

Mit wem würdest du gerne noch etwas klären?
Welche unausgesprochenen Probleme würdest du gerne aus
der Welt schaffen? Notier es im ersten Schritt der heutigen Übung.
Im zweiten Schritt suchst du dir den Konflikt heraus,
der für dich am wichtigsten ist, und schreibst der betroffenen
Person einen Brief, den du nicht abschickst. Halt dich dabei
an die Tipps fürs Konfliktmanagement – sie werden dir helfen,
die richtigen Worte zu finden.

DIESE KONFLIKTE MÖCHTE ICH GERNE LÖSEN

_____
_____
_____
_____
_____
_____
_____
_____
_____
_____

DER BRIEF, DER NICHT ABGESCHICKT WIRD

Mein Tipp

Wenn du mit deinem Brief so zufrieden bist, dass du ihn am Ende doch abschicken möchtest, dann los! Bring den Stein ins Rollen, um den ersten ungelösten Konflikt aus der Welt zu schaffen. Aber schlaf bitte noch mal eine Nacht darüber und bedenk auch die Konsequenzen.

Fällt es dir auch schwer, Grenzen zu setzen und Nein zu sagen?

Hi! Schön, dass du wieder da bist! Heute geht es darum, dass wir auch mal Grenzen setzen, ohne uns dabei schlecht zu fühlen. Denn das ist super wichtig, wenn du dir immer wieder für andere Menschen den Poppes aufreißt und zusätzliche Aufgaben übernimmst, obwohl du dafür gar keine Kapazitäten hast. Um nicht wieder in die Stress-Spirale zu geraten, ist es unumgänglich, auch mal Nein zu sagen. Auf wenn's aus verschiedenen Gründen schwerfällt:

— WEIL WIR ES UNS MIT ANDEREN NICHT VERSCHERZEN WOLLEN
— WEIL WIR GEMOCHT WERDEN WOLLEN
— WEIL WIR NICHT EGOISTISCH ERSCHEINEN WOLLEN
— WEIL WIR KEINE SCHULDGEFÜHLE HABEN WOLLEN
— WEIL WIR KONFLIKTE VERMEIDEN WOLLEN
— WEIL WIR ES IRGENDWIE AUCH EIN BISSCHEN GUT FINDEN, VON ANDEREN GEBRAUCHT ZU WERDEN
— WEIL ES UNS GEFÄLLT, WENN SICH ANDERE BEDANKEN, UND WIR DADURCH BESTÄTIGUNG FINDEN

Wenn wir über Grenzen sprechen, geht es allerdings nicht nur um Aufgaben und Gefallen für andere, die deine Zeit in Anspruch nehmen. Es geht ebenso darum, dass manche Menschen auch emotional deine Grenzen überschreiten und damit durchaus Stress in dir auslösen können.

Tante Frieda zum Beispiel, die einfach nicht glauben kann, dass du nicht mehr aus dir machst. Oder die Bekannte, die gerne mit dir darüber diskutieren möchte, dass du ohne Kinder gar nicht glücklich sein kannst, auch wenn du das behauptest. Wenn so etwas einmal im Jahr vorkommt, dann kannst du das wahrscheinlich halbwegs von dir abprallen lassen. Aber wenn diese Menschen einen festen Platz in deinem Leben haben und Tante Frieda dir jeden Sonntag eine Frikadelle ans Ohr quatscht, dann geht das an die Substanz. Also, was kannst du tun, um deine persönlichen Grenzen zu schützen?

1. Mach dir selbst erst einmal klar, wo deine Grenzen überhaupt sind. Was den Faktor Zeit angeht, hilft dir dein Wochenplan. Wenn der gut bestückt ist, ist eben kein Platz für den x-ten Kuchenbasar. Bei den mentalen Grenzen sieht das schon etwas anders aus. Hier kann dein Stresstagebuch dir dabei helfen, sie zu definieren. Wenn du mal wieder in ein unangenehmes Gespräch geraten bist, dann notier dir das Thema und die Person, mit der es stattgefunden hat. Auch, was genau gesagt wurde. Tauchen beide oder eines von beiden regelmäßig in deinem Stresstagebuch auf, weißt du Bescheid.
2. Kommunizier deine Grenzen klar und deutlich und vor allem nett und freundlich – auch wenn das Überwindung kostet. Manchmal ist es anderen Menschen nicht bewusst, dass sie eine Grenze übertreten.

3. **Bleib standhaft.** Wenn zum Beispiel jemand noch einmal auf ein Thema zurückkommen möchte, obwohl du gesagt hast, du möchtest nicht darüber reden, oder wenn jemand anfängt mit „Aber vielleicht schaffst du es ja doch irgendwie …" – NEIN! Deine Grenzen sind wichtig und schützen dich. Also schütz du deine Grenzen.
4. **Sei dir über die Folgen klar, wenn du JA sagen würdest.** Wenn du aufgrund des Gefallens Stress bekommst, ihn aber trotzdem erfüllen möchtest, dann schnapp dir deinen Plan und schau, wie und wo du umstrukturieren kannst. Das sollte aber die Ausnahme sein.
5. **Lass dich nicht überrumpeln.** Wenn dich jemand um etwas bittet oder eine übergriffige Frage stellt, dann darfst du wenigstens kurz darüber nachdenken. So kannst du überlegen, ob der Gefallen in deine Zeitplanung passt oder ob du antworten möchtest.
6. **Vertrau auf deine engen Beziehungen.** Du wirst nicht ausgeschlossen, nur weil du mal nicht dabei bist oder gewisse Themen nicht besprechen willst. Deine Herzensmenschen werden dich trotzdem lieben.

Wenn du ab und zu Nein sagst und deine Grenzen schützt, heißt das:

— DU ACHTEST AUF DICH UND DEINE BEDÜRFNISSE.
— DU LÄSST DICH NICHT AUSNUTZEN.
— DU SCHÜTZT VOR ALLEM DICH SELBST VOR ZEITLICHER UND EMOTIONALER ÜBERLASTUNG.

Pass auf dich und deine Grenzen auf. Sie sind der Rahmen, der dir Halt gibt, all das zu schaffen, was du schaffen willst. Du kannst sie anpassen, vergrößern oder auch mal enger ziehen – je nachdem, was gerade gut für dich ist. Das war's für heute. Ich freue mich auf morgen!

*Heute sprechen wir über die Magie
der Berührung*

Hey, toll, dass du wieder da bist. Heute geht es um eine Möglichkeit zur Stressbewältigung, auf die ich mich schon seit Tag 1 besonders freue – heute wird nämlich gekuschelt! Ja, du hast richtig gehört, Kuscheln oder besser gesagt Berührungen tragen aktiv dazu bei, dass Stress abgebaut wird. Das liegt daran, dass körperliche Berührung neben dem Atmen, Essen und Trinken ein Grundbedürfnis ist. Körperkontakte sind für uns also tatsächlich lebensnotwendig. Besonders in der frühesten Kindheit, also als Baby, sind Berührungsreize sogar super wichtig für eine gesunde Entwicklung.

So, und während Babys und Kinder normalerweise durchaus gerne und häufig geknuddelt werden, sind Berührungen unter Erwachsenen nicht mehr so selbstverständlich. Schade eigentlich. Wenn wir nämlich andere Menschen oder auch Tiere berühren, wird das Hormon Oxytocin ausgeschüttet. Das sorgt dafür, dass sich dieses wohlige Kuschelgefühl in dir breitmacht, wenn du jemanden knuddelst, und deshalb wird es auch als Kuschelhormon bezeichnet. So, und es kann noch mehr: Oxytocin sorgt nämlich auch dafür, dass das Stresshormon Cortisol abgebaut wird, deine Herz- und Atemfrequenz verlangsamen sich, der Blutdruck sinkt, die Muskelspannung nimmt ab. Oder kurz gesagt: Dein Stresslevel sinkt und du entspannst. Kuscheln ist also gleich auf mehreren Ebenen gut für uns. Wissenschaftler vermuten sogar, dass durch fehlende menschliche Berührungen auf Dauer körperliche und seelische Krankheiten entstehen können. Denn Tatsache ist, dass Berührungen mitverantwortlich sind für die körperliche Entspannung, für die Regulation von Emotionen und sogar für die Stärkung des Immunsystems. Und wenn man mal genau drüber nachdenkt, dann wissen wir das auch alle. Was machst du zum Beispiel, wenn einer deiner liebsten Menschen Kummer hat? Genau, du nimmst sie oder ihn fest in den Arm. Und wenn du dich mal dran erinnerst, als dich jemand mit einer langen Umarmung getröstet hat, dann weißt du genau, wie beruhigend das sein kann. Und weißt du was? Diesen Effekt können auch Selbstberührungen auslösen. Und damit meine ich jetzt keine Berührungen im sexuellen Sinne. Jeder Mensch berührt sich selbst unbewusst ungefähr 400- bis 800-mal am Tag. Wenn du dir zum Beispiel deine Haare zurückstreichst oder mit der Hand über den verspannten Nacken fährst.

In unserem sozialen Leben kann Berührung noch mehr. Schon kleine Berührungen sind gut für die Gruppendynamik. Der freundschaftliche Schulterklopfer oder das Berühren des Arms im Gespräch wirken oft wahre Wunder in Sachen Zusammengehörigkeitsgefühl. Wichtig beim Körperkontakt mit anderen ist allerdings immer, dass alle Parteien dabei ein gutes Gefühl haben, sich sympathisch und vor allem damit einverstanden sind. Also jetzt bitte nicht losgehen und einfach fremde Menschen anfassen. Aber das versteht sich hoffentlich von selbst!

So, was ist aber, wenn da keiner ist, den du jeden Tag herzen kannst? Denn Selbstberührungen wirken zwar ähnlich wie der Körperkontakt zu anderen, aber auf emotionaler Ebene können sie leider nicht mithalten. Viele alleinstehende Menschen leiden tatsächlich unter mangelndem Körperkontakt. Da kann man zum Beispiel auch Freundinnen und

Freunde wunderbar umarmen, statt sich immer nur förmlich die Hand zu geben. Und auch Tiere können ganz viel dazu beitragen, dass du dein Kuschelpensum erreichst. Wenn du kein eigenes Tier hast, ist das Tierheim in deiner Nähe sicher dankbar, wenn du dich ehrenamtlich engagierst und als Gegenzug dafür mit Hund, Katze, Hase oder Wellensittich knuddeln darfst.

Du siehst, zu einem gesunden Stressmanagement gehört nicht nur Struktur, Planung und Prioritätensetzung, sondern auch 'ne ganze Menge Spaß. Und deshalb ist meine heutige Aufgabe für dich folgende: Versuch ab heute jeden Tag mindestens eine Berührungseinheit einzubauen. Das kann eine Massage sein, die du dir gönnst, die Schmuserei mit deinem Lieblingsvierbeiner, eine laaange Selbstumarmung, ein Friseurbesuch oder eben eine bewusste Umarmung mit einem deiner Herzensmenschen.

Auf dem Arbeitsblatt von heute habe ich für dich außerdem ein paar freie Zeilen vorbereitet, sodass du aufschreiben kannst, wer auf deine Kuschelliste gehört. Und wie gesagt – wenn es da wenig oder aktuell sogar keine Menschen gibt, die in deiner Nähe sind, dann überleg doch mal, ob du dich vielleicht ehrenamtlich im Alters- oder Pflegeheim engagieren möchtest. Das ist dann für alle Beteiligten eine ganz tolle Sache. Glaub mir, diese vielen lächelnden Gesichter, wenn du nur mal eine Hand hältst und ein Stündchen plauderst, das ist unbezahlbar schön!

Also: viel Spaß beim Knuddeln!

DEINE BERÜHRUNGSPUNKTE

Notier alle Personen und Möglichkeiten, die zum Umarmen einladen. Dabei spielt es keine Rolle, ob du Single bist oder in einer Großfamilie lebst, körperliche Berührungen sind ein garantierter Stresskiller. Trau dich!

Tag 22

Heute erfährst du, wie deine Muskeln dir dabei helfen können, zu entspannen

Hallo und willkommen zur vierten Coachingwoche! Heute möchte ich dir eine meiner liebsten Anti-Stress-Übungen zeigen: die progressive Muskelentspannung. Sie hilft mir persönlich extrem, wenn ich das Gefühl habe, das Kartenhaus fällt mal wieder zusammen. Genau in diesen Momenten ist es nämlich umso wichtiger, einen Gang zurückzuschalten und zur Ruhe zu kommen. Der amerikanische Physiologe Edmund Jacobson hat bereits um etwa 1929 entdeckt, dass sich die Anspannung unserer Muskulatur bei Stress, Angst, negativen Gefühlen, Unruhe oder Erregung deutlich erhöht und im umgekehrten Fall negative Gefühle nachlassen, wenn es gelingt, bewusst die Muskeln zu entspannen. Hier setzt das Prinzip der progressiven Muskelentspannung an: Wenn du eine Muskelgruppe bewusst anspannst, um sie dann bewusst wieder locker zu lassen, können diesem Entspannungseffekt weitere Entspannungsprozesse im gesamten Körper folgen.

Bei der progressiven Muskelentspannung werden die einzelnen Muskelgruppen nacheinander gezielt angespannt, die Spannung wird eine kurze Zeit gehalten und dann lässt du wieder los. Während des Anspannens und des Entspannens konzentrierst du dich ganz auf die Muskeltätigkeit und die damit verbundenen Empfindungen. Du fühlst intensiv in dich hinein. Kannst du die Muskeln vielleicht noch ein kleines bisschen mehr anspannen? Oder ist das Maximum erreicht? Mit der Zeit lernst du so, wie sich welche Spannung in deinem Körper anfühlt. Du lernst, deinen

Körper bewusst wahrzunehmen und aktiv loszulassen – auch in akuten Stresssituationen. Mithilfe progressiver Muskelentspannung kannst du dich nach einem vollen Tag aktiv entspannen, du kannst sie aber auch – in einer abgespeckten Variante – in einer stressigen Situation anwenden, um dich zu beruhigen und souveräner zu werden.

So, legen wir los! Setz oder leg dich bequem hin und schließ die Augen. Wir beginnen mit der rechten Hand. Schließ sie zur Faust und spann sie so richtig an. So, jetzt einige Sekunden halten und ... lösen. Nun die linke Hand – anspannen, halten und wieder lösen. Anschließend folgen deine Arme – anspannen, halten und wieder entspannen. Und genau so arbeitest du jetzt weiter: über den Nacken zu den Schultern, über den Rücken zum Bauch. Versuch dabei wirklich jede Muskelpartie einzeln wahrzunehmen, wenn du sie anspannst und wieder locker lässt. Vielleicht ist es zu Beginn etwas schwierig, die Muskeln einzeln anzusteuern. Doch je öfter du die Übung machst, desto leichter wird es dir fallen. Und wenn du im unteren Rückenbereich angekommen bist, kommen noch der Po, dann die Oberschenkel, die Waden und zu guter Letzt die Füße. Achte auf eine gleichmäßige und ruhige Atmung: Beim Anspannen wird tief eingeatmet und beim Entspannen atmest du langsam aus.

So, jetzt nimm dir einen Augenblick und genieße die Entspannung. Lass dir Zeit mit dem Aufstehen und atme noch ein paarmal ruhig ein und aus, bevor du mit neuer Kraft an deine Aufgaben zurückgehst.

Das wars für heute. Auf dem Arbeitsblatt findest du eine abgespeckte Variante der Übung, die du super zwischendurch anwenden kannst, um dein Stresslevel zu senken. Probier es einfach mal aus. Bis morgen!

RICHTIG ATMEN IM ALLTAG

Richtig zu atmen ist eine wunderbare Basis, um Stress wirkungsvoll zu reduzieren. Wenn du magst, kannst du die Liste kopieren und als Erinnerung dort aufhängen, wo du sie immer siehst. Am Arbeitsplatz zum Beispiel – da habe ich sie platziert.

1.
Setz dich bequem auf den Stuhl, lehn den Rücken an und stell beide Füße fest auf den Boden. Deine Augen sind geschlossen.

2.
Leg deine Hände locker auf die Oberschenkel und atme ruhig ein und aus. Fühl, wie sich deine Bauchdecke hebt und wieder senkt.

3.
Balle beim nächsten Einatmen die rechte Hand zur Faust und halt die Anspannung für fünf bis zehn Sekunden.

4.
Lös mit dem Ausatmen die Spannung, öffne die Faust wieder und lass deinen Arm etwa 30 Sekunden ruhig liegen.

5.
Wiederhole das Ganze mit dem linken Arm..

6.
Bleib, wenn möglich, noch eine Weile in deiner Position und spür nach.

Tag 23

Hand aufs Herz: Wie stehst du neuen Herausforderungen gegenüber?

Hallo, schön, dich zu sehen. Nachdem es gestern etwas entspannter zuging, geht es heute noch einmal ans Eingemachte. Gehörst du zu den Menschen, die schon Panik bekommen, wenn sie nur daran denken, dass neue Aufgaben und Herausforderungen auf sie warten? Oder bleibst du gelassen und gehst die Dinge, die da kommen, einfach an? Manche Menschen fühlen sich neuen Situationen ausgeliefert und zweifeln bereits im Vorfeld an den eigenen Fähigkeiten. Hingegen scheint anderen alles irgendwie leicht von der Hand zu gehen. Egal, vor welcher Herausforderung sie stehen, sie packen es an und irgendwie wuppen sie es dann auch tatsächlich und das auch noch gut. Weil sie überhaupt keine oder nur wenig Zweifel daran haben, dass sie auch neue Dinge schaffen können.

In der Psychologie spricht man von dem Prinzip der Selbstwirksamkeit, das auf den Psychologen Albert Bandura zurückzuführen ist. Es beschreibt das Phänomen, dass manche Menschen die innere Überzeugung haben, schwierige oder herausfordernde Situationen gut meistern zu können – und zwar aus eigener Kraft und obwohl sie vielleicht sogar gar keine Erfahrungen auf diesem Gebiet haben. Es gibt zwei Arten der Selbstwirksamkeit:

Die situative Selbstwirksamkeit bezieht sich auf eine konkrete Herausforderung, wie zum Beispiel, eine Prüfung zu bestehen oder das erste Mal im Leben allein eine Lampe anzubringen.

Die allgemeine Selbstwirksamkeit bezieht sich auf die grundsätzliche Überzeugung, das Leben gut meistern zu können, egal, was da so kommen mag.

Es geht im Grunde darum, dass wir alle eine bestimmte Erwartungshaltung an unser Handeln haben. Wir malen uns also im Vorfeld aus, wie zum Beispiel das Lampenanbringen ablaufen wird. Einige denken daran, dass sie von der Leiter fallen oder einen Stromschlag kriegen könnten oder dass der Dübel nicht halten wird. Andere schauen sich ein oder zwei Tutorials im Internet an, rufen kurz bei Vaddi an, lassen sich bestätigen, dass sie alles richtig verstanden haben und legen selbstbewusst und strukturiert los. In diesem Fall greift die sogenannte Selbstwirksamkeitserwartung. Damit ist die Erwartung gemeint, dass das Verhalten auch tatsächlich zum gewünschten Ergebnis führen wird, weil sich die Person so vorbereitet hat, dass sie in ihre Fähigkeiten vertraut.

Das bedeutet im Klartext: Menschen mit einer hohen Selbstwirksamkeitserwartung sind nicht nur der Überzeugung, dass sie Dinge meistern können, sondern ihnen ist auch bewusst, dass sie selbst für ihr eigenes Glücksgefühl verantwortlich sind und dementsprechend handeln müssen und vor allem können! Sie glauben an sich und wissen, dass sie viele Dinge im Leben selbst beeinflussen können. Das bedeutet natürlich nicht, dass bei ihnen nicht auch mal etwas schiefläuft, aber auch diese Momente meistern sie stressfreier, weil sie eben an sich glauben und ihre Ziele so formulieren, dass sie erreichbar sind. Selbstwirksamkeit hängt nämlich nicht davon ab, was jemand kann. Es geht um die realistische Einschätzung der eigenen Fähigkeiten und den Glauben daran, sich weiterentwickeln zu können.

Menschen mit einer geringen Selbstwirksamkeitserwartung zweifeln hingegen auch dann an sich, wenn sie eigentlich viel auf dem Kasten haben. Außerdem fühlen sie sich äußeren Umständen gegenüber ausgeliefert und schaffen es seltener, aus eigener Kraft Dinge in die Hand zu nehmen. Sie glauben nicht daran, etwas ändern zu können. Sie malen sich aus, was alles schiefgehen könnte, und versuchen es gar nicht erst.

Du siehst, je höher deine Selbstwirksamkeit ist, desto weniger Stress bereiten dir Herausforderungen oder die alltäglichen Stolpersteine, die auf dem Weg des Lebens herumliegen. Wie hoch deine Selbstwirksamkeit ist, kannst du ganz einfach überprüfen – je stärker du die folgenden drei Aussagen bejahst, desto höher ist deine Selbstwirksamkeit. Je mehr du bei den Aussagen mit dem Kopf schüttelst, desto niedriger ist sie.

1. Ich sehe Herausforderungen und Hindernissen gelassen entgegen. Irgendwie wird es schon funktionieren. Ich kann auf mich selbst vertrauen.
2. Schwierige Situationen bringen mich nicht aus dem Konzept. Ich habe die Kraft, sie anzugehen.
3. Unvorhergesehenes und plötzlich auftretende Probleme lassen mich nicht oder nur kurz straucheln. Ich weiß, ich kann mit ihnen fertigwerden.

Und auch wenn du jetzt nicht durchgehend genickt hast, keine Sorge. Selbstwirksamkeit kannst du lernen! Dafür musst du dir als Erstes über deine Stärken und Schwächen bewusst sein. Dafür habe ich das heutige Arbeitsblatt konzipiert. Hier kannst du all deine positiven und negativen Eigenschaften notieren. Und dann schaust du dir deine Schwächen ganz in Ruhe an – ganz oft sind es nämlich gar keine Schwächen. Überleg, ob du den vermeintlichen Schwächen nicht auch etwas Gutes abgewinnen kannst. Oder ob du sie nutzen und dadurch zu einer Stärke machen kannst. Ich weiß, da muss man ein bisschen drauf rumdenken, aber es lohnt sich.

Um eine höhere Selbstwirksamkeit zu entwickeln, ist es außerdem wichtig, sich erreichbare Ziele zu setzen. Denk kleiner, leichter und machbarer. Mehrere kleine Teilziele ergeben am Ende auch ein großes Ganzes. Begib dich außerdem hin und wieder in Situationen, die dich herausfordern. Mach zum Beispiel im Job bei einem Projekt mit, vor dem du einen Heidenrespekt hast. Probier auch in deiner Freizeit Dinge aus die dich Überwindung kosten. Das kann der Sprung vom Fünf-Meter-Brett im Schwimmbad sein oder allein in ein Café zu gehen oder ein Schnupperkurs im Sportverein oder ein Kennenlerntag in einer ehrenamtlichen Gruppe. Du wirst sehen, je mehr du wagst, desto mehr Vertrauen wirst du mit der Zeit in dich selbst haben. Deine Selbstwirksamkeit wächst und damit dein Selbstbewusstsein. Und ja, die ersten Schritte sind schwer, aber wenn du einen Schritt nach dem anderen gehst, sind sie machbar und vor allem bringt jeder von ihnen dich ein kleines Stück weiter auf deinem Weg. Und dann bereiten dir Herausforderungen bald sehr viel weniger Stress als heute. Du kannst das. Ich weiß das, und du wirst es auch bald feststellen!

DEINE SELBSTWIRKSAMKEIT

Notier in der ersten Spalte deine Schwächen beziehungsweise die Charaktereigenschaften, die du als negativ empfindest. In die zweite Spalte schreibst du danach alle Stärken und deine positiven Charaktereigenschaften. So, und jetzt schaust du dir noch einmal deine Schwächen an. Sind das tatsächlich Schwächen, oder könnten diese Eigenschaften in bestimmten Situationen sogar von Vorteil sein? Sehr wahrscheinlich ist da einiges dabei. Streich diese Punkte also aus der ersten Spalte und notier sie in der zweiten.

MEINE SCHWÄCHEN

MEINE STÄRKEN

Fällt es dir leicht, dich auf eine Aufgabe zu fokussieren, oder driftest du immer wieder ab?

Hallo und willkommen zu Tag 24 deines Coachings. An Tag 8 haben wir bereits darüber gesprochen, wie du es schaffen kannst, besser mit Überforderung und Zeitdruck umzugehen. Wir haben festgestellt, dass das hochgelobte Multitasking überhaupt nicht dazu beiträgt, dass du mehr wegschaffst. Viel sinnvoller und vor allem stressfreier ist es, wenn du die Dinge nacheinander angehst. Klingt logisch, ist aber höllisch schwer durchzuhalten. Glaub mir, ich spreche aus Erfahrung!

Und deshalb möchte ich heute mit dir darüber sprechen, wie du es schaffen kannst, dich besser zu fokussieren. Dabei geht es nicht darum, mit Scheuklappen durch den Tag zu laufen und nicht nach links und rechts zu schauen. Es geht darum, dass du es schaffst, dich nicht zu verzetteln und dich über einen bestimmten Zeitraum so auf eine Aufgabe zu konzentrieren, dass du sie zügig, vollständig und trotzdem entspannt erledigen kannst. Obwohl andauernd das Telefon bimmelt, der Postbote klingelt oder Kolleginnen und Kollegen „mal kurz stören", weil sie dich etwas fragen wollen. Für all diese Probleme gibt es zum Glück Lösungen.

LEG DEINE FOKUSZEIT FEST

Sich über mehrere Stunden ohne Unterbrechung auf eine Sache zu konzentrieren, ist für die meisten Menschen ein Ding der Unmöglichkeit, weil es einfach viel zu viel Energie kostet. Besser ist es, wenn du dir den Handytimer oder einen Wecker auf etwa 25 Minuten stellst. In dieser

Zeit gilt deine komplette Aufmerksamkeit einer bestimmten Aufgabe. Das hört sich erst mal nach wenig an, ist es aber nicht. Wenn du eine knappe halbe Stunde fokussiert bei der Sache bist, schaffst du viel mehr, als wenn du eine Stunde mit ständigen Unterbrechungen arbeitest.

PLANE PAUSEN EIN

Nach diesen 25 Minuten Fokuszeit klingelt der Timer und dann machst du fünf Minuten Pause. Beweg dich in dieser Zeit ein bisschen, trink ein Glas Wasser und atme bewusst ein und aus. Anschließend folgen wieder 25 Minuten Fokuszeit und dann wieder eine Fünf-Minuten-Pause. Nach insgesamt vier Fokuszeiten und drei Kurzpausen ist es Zeit für eine längere Unterbrechung von etwa 15 bis 20 Minuten. Und nein, in dieser langen Pause räumst du nicht eben schnell den Geschirrspüler aus oder überfliegst die Mails, die während deiner Fokuszeit eingetrudelt sind! Du machst Pause!

SCHALTE STÖRQUELLEN AUS

Stell während deiner Fokuszeit alles auf lautlos, was sich ausstellen lässt. Keine Pushnachrichten, keine Mails, keine Klingeltöne. Wenn du in einem Großraumbüro arbeitest, kannst du zum Beispiel Kopfhörer aufsetzen, ohne dass du Musik über sie hörst. Sie halten Umgebungsgeräusche fern und signalisieren, dass du nicht gestört werden möchtest.

UNTERFORDERE DICH NICHT

Wenn wir geistig nicht genügend herausgefordert sind, sucht das Gehirn von allein nach Reizen, um sich zu beschäftigen. Verrückt, oder? Das bedeutet allerdings nicht, dass du dich kontinuierlich überfordern solltest – der Mittelweg ist auch hier meistens der richtige.

ERKENNE DIE AUFGABEN AUF DEINER TO-DO-LISTE ALS WICHTIG AN

Alle Aufgaben auf deiner To-do-Liste sind wichtig. Auch die, auf die du keinen Bock hast. Deine Konzentrationsfähigkeit hängt nämlich sehr eng mit deinem Willen zusammen. Und wenn dir eine Aufgabe wurscht ist, dann fällt es dir viel schwerer, sie durchzuziehen. Also, du bestimmst, was wichtig ist. Und glaub mir, allein die Tatsache, dass du auch eine Ätz-Aufgabe als wichtig erklärst, ändert deine innere Einstellung so sehr, dass sie auf einmal nicht mehr auf die lange Bank geschoben wird.

Du siehst, sich zu fokussieren bedeutet im Grunde, Strukturen zu schaffen, die es dir ermöglichen, etwas durchzuziehen. Und zwar in machbaren Dosen. Deine Fokuszeit gehört deinen Aufgaben und deine Pausen gehören dir. Diese einfache Regel ist der Grund dafür, dass du deine Aufgaben effektiv, zeiteffizient und damit auch stressfreier erledigen kannst. Der gestellte Wecker ist dafür super wichtig, denn du wirst nicht davon abgelenkt, dass du immer wieder auf die Uhr schauen musst, um zu sehen, wie viel Zeit schon vergangen ist. Selbst das ist nämlich schon eine Störquelle, die dich ablenken kann.

Auf dem heutigen Arbeitsblatt kannst du deine persönlichen Ablenkungen notieren und auch sortieren. Welche nerven dich? Welche kommen dir gelegen und dienen als Rechtfertigung dafür, dass du eine Aufgabe leider, leider doch noch nicht zu Ende bringen konntest? Wenn du sie identifiziert hast, kannst du entsprechend reagieren.

Viel Spaß beim Aufspüren deiner Ablenkungen und bis morgen!

FIND DEINEN FOKUS

Was beziehungsweise welche Dinge lenken dich regelmäßig davon ab, dich konzentriert einer Aufgabe zu widmen? Notier sie und versuch sie in der Zukunft aus deiner Fokuszeit zu verbannen.

Mein Tipp

Sei bei deiner Suche nach Störquellen absolut ehrlich. Denn oft nutzen wir diese auch gerne als Ausrede dafür, nicht konzentriert bei der Sache bleiben zu müssen.

*Während du schläfst, erholt sich dein Körper.
Eine gute Schlafqualität ist daher wichtig*

Hallo! Mittlerweile haben wir ja schon eine ganze Menge Alltagsangelegenheiten unter die Lupe genommen und überprüft, ob sie ein möglicher Stressor für dich sein könnten. Außerdem haben wir die Gegenoffensive gestartet und Übungen ausprobiert, die dir gegen Stress helfen können. Was aber, wenn ein Aspekt unseres Lebens, der wirklich jeden Tag stattfindet, ein Stressor sein könnte, obwohl er eigentlich eine der zuverlässigsten Methoden ist, um Stress loszuwerden?

Na, ahnst du schon, worauf ich hinauswill? Ich verrate es dir! Heute geht es um deinen Schlaf. Die meisten von uns richten ihre Aufsteh- und Zubettgehzeiten danach, was tagsüber ansteht. Das kann zum Beispiel dein Job sein, bei dem du um 8 Uhr aufschlagen musst, oder dein Sportkurs, der erst um 21 Uhr zu Ende ist. Und das ist auch alles okay, solange dein Tagesplan zumindest einigermaßen zu deinem natürlichen Schlaftyp passt. Ist das allerdings nicht der Fall, dann arbeitest du sozusagen den ganzen Tag über gegen dein natürliches Schlafbedürfnis an, und das kann nicht nur zusätzlichen Stress verursachen, sondern verhindert auch, dass dein Körper die absolut wichtigste Regenerationsphase nicht bekommt. Lass uns einmal anschauen, warum Schlaf so wichtig ist.

Dein Gehirn braucht ausreichend Schlaf, um neue Gedächtnisinhalte zu verfestigen und sich zu erholen. Während du schläfst, werden in den Gehirnzellen Abfallprodukte abgebaut und die wichtigen Informationen von den unwichtigen getrennt. Alle Infos, die du im Wachzustand über den Tag aufgenommen hast, werden im Schlaf weiterverarbeitet und im Gedächtnis gespeichert. Nur so ist dein Gehirn in der Lage, am nächsten Tag wieder neue Eindrücke aufzunehmen. Außerdem hat Schlaf einen positiven Einfluss auf das Immunsystem, den Stoffwechsel und das Hormonsystem. Die meisten Zellreparaturen in deinem Körper finden nachts statt, deine Blutzuckerregulation und dein Fettstoffwechsel werden ins Gleichgewicht gebracht, und es werden vermehrt Antikörper produziert, die dein Immunsystem kräftigen. Während du schläfst, durchlaufen dein Gehirn und dein Körper also sozusagen eine Art der Generalüberholung, so sind sie am nächsten Tag wieder topfit.

Und obwohl Schlaf so wichtig ist, haben schätzungsweise nur 20 Prozent der deutschen Arbeitnehmenden das Glück, dass sie gut, fest und normal schlafen. Die anderen 80 Prozent werden von Schlafstörungen wie zum Beispiel von Ein- oder Durchschlafproblemen geplagt und fühlen sich morgens wie gerädert. Tja, und schuld daran sind vor allem – dreimal darfst du raten – Stress, Termindruck, Überstunden und die ewige Rund-um-die-Uhr-Erreichbarkeit, die unser Leben prägen.

Wenn dein Stresshormonpegel am Ende des Tages nämlich zu hoch ist, dann hat das Einschlafhormon Melatonin kaum eine Chance, dich einpennen zu lassen, obwohl du vielleicht vollkommen k. o. bist. Hinlegen, Augen zu und schlafen ist für die meisten Menschen also nicht die Regel. Ganz im Gegenteil: Auch im Bett dreht sich das Gedankenkarussell weiter und selbst wenn man irgendwann wegnickt, wälzt man sich herum und wacht immer wieder auf. Tja, und dann laufen die wichtigen Reinigungs- und Stärkungsprozesse in Gehirn und Körper eben auch nur –

sagen wir – mittelgut. Und schon entsteht ein Teufelskreis aus schlechtem Schlaf, Schlafstörungen und Stress. Denn Schlaf ist nicht nur für deine körperliche Gesundheit wichtig, sondern auch für die Verarbeitung von Emotionen und damit für deine psychische Gesundheit. So, und vor allem aber hat Schlaf eine stressabpuffernde Wirkung. In Studien konnte gezeigt werden, dass ein guter Schlaf davor schützt, dass Stress am Folgetag zu negativen Handlungen oder Fehlentscheidungen führt. Außerdem verbessert er deine Impulskontrolle, sodass du gedanklich flexibler bist.

Also – du siehst, ein gesunder Schlaf ist ein wichtiger Bestandteil eines gesunden Stressmanagements. Das Problem ist eben nur, dass wir unter Stress eher zu wenig und schlecht schlafen, obwohl wir eigentlich genau jetzt die nächtliche Ruhe brauchen. Aber wo soll man da anpacken, um etwas zu verändern? Ich habe am Anfang je schon einmal das Stichwort „Schlaftyp" in den Raum geworfen. Wir Menschen unterscheiden uns nämlich in drei Schlaftypen, in der Fachsprache als Chronotypen bezeichnet.

Der **Morgentyp** wird auch als „**Lerche**" bezeichnet. Das sind Menschen, die von allein morgens in aller Früh hellwach und produktiv sind. Dafür schaffen sie es so gut wie nie, am Abend einen Prime-Time-Film zu Ende zu schauen. Sie schlafen vorher ein.

Der **Abendtyp**, auch als „**Eule**" bezeichnet, hat es in unserer „normalen" Arbeitswelt meistens echt schwer. Um 8 Uhr im Büro zu sein, ist für Eulen gefühlt mitten in der Nacht. Dafür haben sie ihre geistige Hochphase meistens dann, wenn andere Menschen schon im Bett liegen, und liefern um 22 Uhr auf der Joggingrunde noch schnell 'ne Bestzeit ab.

Der **Mischtyp** hat keinen niedlichen Zweitnamen und bezeichnet die Menschen, deren natürlicher Schlafrhythmus irgendwo zwischen dem von Lerche und Eule liegt. Sie wachen ohne Wecker von allein ungefähr zwischen halb sieben und acht auf und haben ihr geistiges beziehungsweise kreatives Hoch ungefähr am späten Vormittag und ihr Tief am frühen Nachmittag.

So, neben den Chronotypen gibt es auch noch zwei unterschiedliche Schlaftypen: die Langschläfer und die Kurzschläfer. Die Langschläferfraktion benötigt mindestens acht, oft aber auch neun oder mehr Stunden Schlaf, während die Kurzschläfer sogar mit unter sieben Stunden Schlaf auskommen. Die meisten von uns brauchen etwa sieben bis acht Stunden Schlaf pro Nacht.

Du siehst, es ist also viel sinnvoller, den Tagesablauf nach dem Schlafbedürfnis zu planen und nicht andersherum. Zumindest so gut es geht. Wie gesagt, es gibt Faktoren, wie den Job, kleine Kinder oder andere Verpflichtungen, die eine Tagesplanung nach deinem Chronotyp zumindest ad hoc nicht umsetzbar machen. Aber auch hier kannst du mit der Zeit sicherlich die eine oder andere Idee entwickeln, welche Änderungen möglich sind, um zumindest deinem natürlichen Schlafbedürfnis ein Stück näher zu kommen. Das heutige Arbeitsblatt ist deshalb auch so konzipiert, dass du dich in den nächsten Tagen erst einmal selbst beobachtest. Trag ein, zu welchen Uhrzeiten du besonders produktiv und auch kreativ warst und wann du deine Durchhänger hattest. Mit der Zeit wirst du dank dieser Aufzeichnungen eine Art Muster erkennen und herausfinden, welche Tageszeit sich zum Beispiel am besten eignet, um wichtige Aufgaben zu erledigen. Also, gute Nacht und bis morgen.

LERCHE ODER EULE, DAS IST HIER DIE FRAGE

Beobachte dich über mehrere Tage oder besser noch Wochen einmal ganz genau selbst und trag hier ein, zu welchen Uhrzeiten du besonders produktiv oder kreativ warst und zu welcher Tageszeit du deine Durchhänger hattest. Mit der Zeit wirst du eine Art Muster erkennen und kannst besser planen, wann Zeit für deine wichtigen Tagesaufgaben ist.

MEINE HOCHPHASEN:

DATUM	UHRZEIT	DAS HABE ICH ALLES GEWUPPT

MEINE TAGESTIEFS:

DATUM   UHRZEIT   SO HABE ICH MICH WÄHREND
                  MEINES TIEFS GEFÜHLT

Mein Tipp

Teste außerdem mal über einen längeren Zeitraum, ob dir eine halbe oder eine ganze Stunde Schlaf mehr pro Nacht vielleicht schon dabei hilft, fitter durch den Tag zu kommen.

*Heute sprechen wir über unsere Erwartungen –
an uns selbst, aber auch an andere*

Hallo, schön, dass du wieder da bist. In Woche zwei haben wir bereits darüber gesprochen, wie Leistungsdruck und die Ansprüche an dich selbst als Stressor wirken können. Und weil das Thema so vielschichtig ist, möchte ich heute einen Aspekt noch einmal genau unter die Lupe nehmen: den Erwartungsdruck. Und zwar die Erwartungen, die du an dich selbst hast, und die, die du an andere hast. Denn unsere Erwartungen können Stress verursachen – weil sie zu hoch sind oder weil du daran zweifelst, dass es deinem Gegenüber oder dir selbst gelingt, sie zu erfüllen. Besonders brisant ist dieses Thema innerhalb der Familie, deiner Partnerschaft, deiner Freundschaften oder im Kollegium – also in den sozialen Konstellationen, die den Großteil deines Lebens ausmachen.

Also, kommen wir erst einmal zu den Erwartungen, die du an dich selbst stellst. Nehmen wir mal die Erwartung, so perfekt sein zu müssen wie die Menschen, die du in den sozialen Medien siehst. All die Fitnessprofis, die Influencerinnen und Influencer, die Supermodels. Alle mega gestylt und mega in Form. Puh – wenn du nun die Erwartung an dich stellst, mit denen mithalten zu können … Es ist relativ klar, dass das nicht funktioniert. Diese Erwartung an dich selbst wirst du höchstwahrscheinlich niemals erfüllen können. Zumindest nicht, ohne richtig viel zu investieren: Zeit, Energie und Geld zum Beispiel. Die Fitnessprofis trainieren wahrscheinlich jeden Tag mehrere Stunden. Das wissen wir, aber wir blenden es aus. Wir wissen, dass es Quatsch ist, uns mit diesen Menschen zu vergleichen. Trotzdem sind wir neidisch auf das, was wir sehen. Das wiederum verursacht Stress. So auch die Erwartung, so gut in deinem Job zu sein wie die Kollegin, die zehn Jahre mehr Berufserfahrung hat, die Erwartung, eine so romantische Beziehung führen zu müssen wie Sandra und Martin. Da gibt's tausende Beispiele, sich so richtig schön zu stressen. Und neben den Erwartungen an uns selbst gibt es auch noch die Erwartungen, die wir an andere Menschen stellen. Wenn du zum Beispiel von deinem Partner oder deiner Partnerin erwartest, dass er oder sie deine Gedanken liest und dich jeden Tag auf Rosen bettet, dann wird er oder sie das sehr wahrscheinlich nicht erfüllen können. Oder du bist enttäuscht von deiner Freundin, die nicht darauf kommt, sich auch mal bei dir zu melden. Das kann doch alles nicht so schwer sein! Oder sind deine Erwartungen vielleicht doch etwas unrealistisch? Komm, sei ehrlich!

Fakt ist aber, egal, von wem deine Erwartungen nicht erfüllt werden, es ist kein gutes Gefühl. Und wie du ja bereits weißt, erhöhen negative Emotionen den Stresspegel. Was ist also die Lösung? Keine Erwartungen mehr haben? NEIN, natürlich nicht! Die Kunst, die eigenen Erwartungen in den Griff zu bekommen und damit Enttäuschungen vorzubeugen, liegt darin, sie zu hinterfragen. Wie macht man das? Ich habe da mal ein paar Tipps für dich zusammengestellt.

1. **Hinterfrag die Erwartung.** Wenn du merkst, dass da eine Erwartung gerade enttäuscht wird, dann halt kurz inne und frag dich: Moment, ist die Erwartung, die ich da gerade an mich oder einen anderen Menschen stelle, eigentlich realistisch, fair und erfüllbar – oder vielleicht überzogen und unrealistisch? Sei hier wirklich absolut ehrlich mit dir.

2. **Überarbeite deine Erwartung.** Überzogene und unrealistische Erwartungen kannst du jederzeit anpassen. Und schon rücken bestimmte Ziele in erreichbare Nähe. Manche bleiben allerdings unrealistisch, und dann solltest du sie loslassen.
3. **Wechsle den Kurs.** Wenn du an der Erwartung festhalten möchtest, aber merkst, dass der aktuelle Weg nicht zu ihrer Erfüllung führt – dann überleg, ob du den Kurs wechseln könntest. Du kommst zum Beispiel in deinem aktuellen Job einfach nicht auf deine Traumposition? Dann könntest du dich in einem anderen Unternehmen nach dieser Position umsehen.
4. **Hinterfrag die Motivation für die Erwartung.** Hast du dir vielleicht etwas von jemandem erhofft, und das ist daran gescheitert, dass du mit dir selbst gerade nicht im Reinen bist? Manchmal ist es nämlich so, dass es sich nur so anfühlt, als hätte uns jemand anders enttäuscht. Aber eigentlich gab es gar keine Chance, dass er oder sie das Richtige tut, weil du dich selbst gerade verloren hast.
5. **Versetz dich in dein Gegenüber.** Wenn du enttäuscht bist, weil ein anderer Mensch deine Erwartungen nicht erfüllt hat, obwohl sie erfüllbar gewesen wären, dann überleg genau, ob es vielleicht Gründe gab, die es verhindert haben. Wenn du dir zum Beispiel mehr Beistand einer Freundin in einer Situation erhofft hattest, dann hatte sie vielleicht selbst gerade mit etwas zu kämpfen und konnte deshalb nicht in dem Maße für dich da sein, wie du es erwartet hattest.
6. **Such das klärende Gespräch.** Und zwar nicht nur, wenn deine Erwartungen von anderen nicht erfüllt wurden. Geh auch hin und wieder mit dir selbst in den Austausch. Die Tipps zum Konfliktmanagement von Tag 19 sind auch hier ein guter Leitfaden, um solche Dinge zu klären.

Fassen wir also zusammen: Erwartungen begleiten uns in fast allem, was wir tun. Und das ist auch in Ordnung, solange sie realistisch sind. Besonders die Erwartungen, die wir an uns selbst haben, können dazu beitragen, dass wir über unseren Schatten springen und geben uns die Motivation, die wir brauchen, um Dinge anzupacken. Wichtig ist nur: Lass dich nicht von deinen Erwartungen runterziehen, wenn es mal nicht so läuft. Es gibt tausend Gründe, die dazu führen können, dass sie nicht oder noch nicht erfüllt werden können. Und vor allem: Wenn dir eine Sache am Herzen liegt, bei deren Umsetzung andere Menschen involviert sind, dann kommunizier im Vorfeld, was du erwartest. Nur so können Missverständnisse verhindert werden.

Und deshalb ist meine heutige Übung für dich folgende: Notier auf dem Arbeitsblatt all die Dinge, die du immer wieder von dir selbst erwartest, aber nicht erfüllen kannst. Und anschließend überprüfst du sie: Welche sind realistisch und welche nicht? Was musst du tun, um die, die erreichbar sind, zu erfüllen? Welche sind utopisch und solltest du loslassen? Alle unrealistischen Erwartungen darfst du von deinem Arbeitsblatt streichen – und damit auch aus deinem Leben.

Zu guter Letzt: Manchmal lohnt es sich, sich bewusst auf das zu besinnen, was man hat. Häufig verlieren wir das Gute in unserem Leben nämlich aus den Augen und fokussieren uns auf die negativen Aspekte. Denk daran, was wir an Tag 18 besprochen haben: Selbst an vermeintlich schlechten Dingen gab es vielleicht doch irgendetwas Positives.

In diesem Sinne – wir sehen uns morgen

DEINE ERWARTUNGEN AN DICH SELBST

Heute geht es um die Erwartungen, die du an dich selbst stellst.

NOTIER DIE ERWARTUNGEN, DIE DU AKTUELL AN DICH STELLST, ABER NICHT ERFÜLLST BEZIEHUNGSWEISE NICHT ERFÜLLEN KANNST.

_____
_____
_____
_____
_____
_____

ÜBERLEG, OB DIESE ERWARTUNGEN ÜBERHAUPT REALISTISCH SIND UND KREISE DIEJENIGEN EIN, DIE ERREICHBAR SIND. SCHREIB ANSCHLIESSEND AUF, WAS DU IN DEINEM LEBEN VERÄNDERN MÜSSTEST, UM DIESE ERWARTUNGEN ZU ERFÜLLEN.

_____
_____
_____
_____
_____
_____
_____

*In Stresssituationen fallen oft unschöne Sätze.
Da hilft nur: gelassen bleiben*

Hey, schön, dass du wieder da bist! Heute habe ich eine ganz besondere Einheit für dich vorbereitet. Ich möchte mit dir gerne über andere Menschen sprechen, die total gestresst sind. Wir sind ja nicht die einzigen. Und so, wie wir damit manchmal nicht gut umgehen können, können es andere eben auch nicht immer. Das merkst du zum Beispiel daran, dass der Ton im Büro ruppiger wird oder wenn du mit deiner Familie aneinandergerätst, wenn die Zeit knapp wird. Das Kofferpacken vor dem Urlaub ist so ein klassisches Beispiel. Ihr seid mal wieder viel zu spät dran, der Zug wartet nicht und mindestens ein Familienmitglied wird garantiert keine Schlüppis dabeihaben, wenn du nicht hinterher bist und alle Koffer kontrollierst, bevor sie zugemacht werden. Und als Dankeschön gibt's dann auch noch 'nen blöden Spruch oder Gezicke.

So – wie kannst du es also schaffen, in solchen Situationen genau das an dir abprallen zu lassen? Erst einmal: Unterstell deinem Gegenüber keine Böswilligkeit, auch wenn's schwerfällt. Ja, manchmal sind die Aussagen, die man so um die Ohren gepfeffert bekommt, schmerzhaft und verletzend. Aber gerade in stressigen Situationen steht auch dein Gegenüber unter enormem Druck. Und das kann eben auch zu einer falschen Wortwahl oder einem unangebrachten Ton führen. Versteh mich nicht falsch, Stress ist keine Entschuldigung dafür, jemand anderen emotional zu verletzen! Aber überleg mal, was du mittlerweile alles über dich und dein Stressverhalten gelernt hast. So weit sind viele andere Menschen eben noch nicht. Und deshalb kannst du sicher nachvollziehen, dass man unter Stress Dinge sagt, die unangebracht sind.

Dein eigenes Stressmanagement schließt also auch die realistische Einschätzung des Stresspegels deiner Mitmenschen ein, wenn man es so will. Im Grunde ist es so wie beim Autofahren – auf der Autobahn konzentrierst du dich ja auch nicht nur auf deinen Wagen, sondern hast auch die Autos vor, hinter und neben dir im Blick, um abschätzen zu können, wie sich die anderen wohl verhalten.

Wenn du also merkst, dass du durch den Druck oder aufgrund von Aussagen anderer Menschen selbst unter Druck gerätst oder verletzt bist, dann nimm dir erst mal ein paar Minuten, um Abstand von der Situation zu bekommen, damit sie sich nicht hochschaukelt. Unsere Atemübung von Tag 5 wäre so ein kleiner Rettungsring. Verlass kurz den Raum, atme ein paar Minuten bewusst und sammle dich. Oder aber – du denkst ganz schnell an Queen Elisabeth II. Und zwar daran, wie sie zu Lebzeiten immer in einer Kutsche gesessen, gelächelt und gewunken hat – ein bisschen so, als wäre sie ein royaler Roboter. Manchmal lassen sich zwischenmenschliche Stresssituation nämlich nicht in der Situation selbst auflösen, in der sie entstehen. Und dann muss man tatsächlich einen Moment innehalten, lächeln und winken. Anders gesagt: Übe gelassen zu reagieren. Wenn dich also jemand anblafft, nur weil er oder sie vielleicht gerade selbst unter Stress steht oder ihr gemeinsam in einer Stresssituation steckt, dann setz dich gedanklich kurz in deine Kutsche, bleib ruhig und winke innerlich. Jetzt ist definitiv der falsche Zeitpunkt, um ebenfalls harsch, nervös oder hektisch zu werden, und auch ein Gegenangriff wäre jetzt absolut kontraproduktiv. Das wird die Situation weder besser machen, noch wird sie dadurch gelöst.

So, und auch ganz wichtig: Nimm dir das in diesen Momenten Gesagte nicht zu Herzen. Stell aufgrund von Kritik an dir, deinem Verhalten oder deiner Arbeit nicht gleich deine gesamte Kompetenz infrage. Du weißt doch: In Stressmomenten sagt man Dinge, die man nicht so meint. Und selbst wenn sie so gemeint und berechtigt sind: Es ist okay, wenn du einen Fehler gemacht hast. Das ist menschlich, und es bedeutet nicht, dass du grundsätzlich ein Versager oder eine Versagerin bist. Niemand ist perfekt, niemand kann alles können, und niemand kann immer alles richtig machen, das geht gar nicht. Erlaub dir, unperfekt zu sein, dann treffen dich auch die blöden Kommentare nicht mehr so heftig.

Aber – und das möchte ich noch mal betonen – gleichzeitig gilt auch: Verbale Ausfälle, Beleidigungen und Mobbing musst du dir nicht gefallen lassen, auch nicht in Stresssituationen. In diesem Fall hilft nur ein Gespräch mit einer unabhängigen Person, zum Beispiel mit einer Vorgesetzten. Oder wenn es sich um Freundinnen, Freunde oder Bekannte handelt – absolute Distanz. Damit entlasse ich dich auch schon für heute. Bis morgen, ich freu mich auf unsere letzten drei gemeinsamen Tage.

*Heute heißt das Motto des Tages:
„Mut zur Lücke"*

Hey, na, wie geht es dir? Heute möchte ich mit dir noch mal über die Strukturierung deines Alltags sprechen und wie er durch gute Planung noch ein kleines bisschen stressfreier wird. Und zwar durch das Einplanen eines freien Zeitfensters während deiner offiziellen Arbeitszeit. Ja, richtig gehört. Ich halte mir jeden Tag eine Stunde ganz bewusst frei. Und das nicht für ein spontanes Nickerchen. Nein, ich halte sie frei für Unvorhergesehenes, sozusagen für Notfälle. Diese freie Stunde ist dafür bestimmt, dass du Unvorhergesehenes auffangen kannst. Und zwar ohne dass dadurch dein kompletter Zeitplan in sich zusammenfällt und Chaos ausbricht. Ich finde, das nimmt ganz viel Druck von deinen Schultern. Du weißt dann nämlich jeden Tag: Egal, was kommt, im Fall der Fälle, von Uhrzeit X bis Uhrzeit Y habe ich Zeit, das problemlos zu wuppen, ohne dass meine anderen Projekte den Bach runtergehen oder ich bis 22 Uhr im Büro bleiben muss. Klingt doch super, oder?

Und: Wenn an einem Tag nichts Unvorhergesehenes reinflattert – umso besser. Dann kannst du die freie Stunde ganz normal nutzen und deine anderen Aufgaben entspannt abarbeiten. Also, schnapp dir deinen Wochenplan und schau, wann so eine freie Stunde bei dir sinnvoll wäre. Bei mir ist das immer von 14 bis 15 Uhr. Meistens flattern die unangekündigten Projekte vormittags ins Haus, und dann kann ich sie gleich nach der Mittagspause angehen. So – bis morgen, ich freue mich auf dich!

Ein gut gefüllter Werkzeugkoffer ist die Basis für dein Stressmanagement

Hallo, schön dich zu sehen! Heute ist unser vorletzter gemeinsamer Tag hier und damit der perfekte Zeitpunkt, die vielen Dinge, die wir erarbeitet haben, zu sortieren. Im Grunde ist es mit all den Übungen und dem Wissen so, wie mit einem gut bestückten Werkzeugkoffer: Jedes Teil darin hat EINE bestimmte Funktion. In der Summe ergibt sich aus all diesen einzelnen Werkzeugen aber ein Gesamtkonstrukt, das dir unendlich viele Möglichkeiten zum Handeln bietet.

Wie beim Heimwerken auch, geht es beim Umgang mit Stress nicht um die EINE Lösung, die immer hilft. Es geht nicht um die EINE Übung, die ein Garant gegen Stress ist. Nein, es geht vielmehr um ein besonders breit aufgestelltes Repertoire, das – ebenso wie ein gut sortierter Werkzeugkoffer – eine Vielzahl verschiedener Tools für dich bereithält. Manchmal ist es nämlich nur ein kleines Zahnrad in der Feinmechanik, das justiert werden muss, damit wieder alles rundläuft. Tja, und manchmal braucht es einen Vorschlaghammer, um festgefahrene Strukturen einzureißen. Im Idealfall bietet so ein Werkzeugkoffer eine ausgewogene Mischung der verschiedensten Hilfsmittel, die du je nach Situation auswählen und miteinander kombinieren kannst. Je vielseitiger diese Zusammenstellung ist, desto mehr Kombinations- und Auswahlmöglichkeiten hast du also. Je vielfältiger deine Alternativen sind, desto flexibler kannst du reagieren, wenn du zum Beispiel feststellst, dass der mittlere Dübel, den du in den meisten Fällen nutzt, dieses Mal nicht ausreicht, um die Last zu tragen. Es muss ein größerer Dübel her, und dann ist es gut, wenn er im Werkzeugkasten bereitliegt – zusammen mit dem passenden Bohrer und dickeren Schrauben.

Alles, was wir zusammen erarbeitet haben, ist sozusagen das Handwerkszeug, das du jetzt parat hast. Es müssen nicht alle Werkzeuge gleichzeitig zum Einsatz kommen – aber sie sind da, und du kannst bei Bedarf auf sie zurückgreifen. Also, das gehört in deinen Anti-Stress-Werkzeugkoffer:

1. **Eine ehrliche Selbstbeobachtung** Das A und O hierfür ist dein Stresstagebuch. Es gibt dir nämlich nicht nur langfristig einen Überblick, welche Stressoren dir das Leben schwer machen. Das tägliche Reflektieren darüber, was oder wer dich überhaupt stresst, ist die einzige Möglichkeit, auch Stressoren zu entlarven, die du ansonsten vielleicht sehr lange übersehen würdest.
2. **Durchdachte Strukturen** Je reflektierter du deine Tage und Wochen planst, desto klarer wird dir, wie viele Aufgaben du überhaupt realistisch wuppen kannst. Gesteh dir ein, was zu viel ist und bleib bei dem Vorhaben, nur eine Extraaufgabe pro Tag aufzuschreiben.
3. **Neue Lösungswege** Egal, wie stressig oder chaotisch es auch ist: Du bist kein Opfer der Umstände. Du hast jederzeit die Möglichkeit, Verantwortung für dein Handeln zu übernehmen und aktiv nach Lösungen zu suchen.

4. **Hilfe und Unterstützung** Du musst nicht immer tapfer sein, und du musst auch nicht immer „irgendwie durch"! Wenn es dir nicht gut geht, weil es zu viel ist, dann bitte um Hilfe und Unterstützung.
5. **Grenzen setzen** Du darfst Nein sagen. Deine Grenzen sind wertvoll und sollten geschützt werden. Aber sie sind nicht in Stein gemeißelt. Du darfst sie jederzeit neu definieren und verschieben – je nach Kapazität.
6. **Gesunder Egoismus** Achte auf eine gute Selbstfürsorge. Auf diese Weise lädst du deine Akkus wieder auf. Du bist nicht selbstsüchtig, wenn du dich um dich und deine Bedürfnisse kümmerst. Im Gegenteil – dein Energiefass bleibt nur gefüllt, wenn du regelmäßig an der Zapfsäule Halt machst.

Diese sechs Punkte sind die Grundelemente für deinen Werkzeugkoffer. Sie bilden sozusagen die Basis für dein Stressmanagement. Zusätzlich kannst du deinen Koffer natürlich noch mit weiteren Tools befüllen. Zum Beispiel mit den Anti-Stress-Übungen, die dir guttun. Oder mit positiven Glaubenssätzen, die dich daran erinnern, dass du wunderbar bist, so wie du bist. All diese Hilfsmittel sind ab jetzt dein persönliches Equipment, um handlungsfähig zu sein, wenn es im Getriebe knirscht.

So, und damit du die Liste mit der Grundausstattung für deinen Werkzeugkoffer auch immer parat hast, habe ich sie noch einmal auf das heutige Arbeitsblatt kopiert. Am besten platzierst du sie dort, wo du schnell draufschauen kannst, wenn es mal wieder brenzlig an der Stressfront wird, in deiner Handtasche, deiner Brieftasche oder der Schreibtischschublade im Büro. Ich bin mir sicher, du findest das richtige Plätzchen – so wie du auch herausfinden wirst, welche Spezialwerkzeuge in deinem Werkzeugkoffer auf keinen Fall fehlen dürfen. Bis morgen!

DEIN WERKZEUGKOFFER GEGEN STRESS

Die folgenden Punkte bilden die Basis für deinen Werkzeugkoffer. Sie sind die Grundlage dafür, dass deine persönlichen Anti-Stress-Übungen überhaupt funktionieren können.

1. EINE EHRLICHE SELBSTBEOBACHTUNG

Dein Stresstagebuch zeigt dir, welche Stressoren dir das Leben schwer machen. Reflektier, was oder wer dich stresst.

2. DURCHDACHTE STRUKTUREN

Plan nur so viel ein, wie du auch bewältigen kannst, und schreib konsequent nur eine Extraaufgabe pro Tag auf.

3. NEUE LÖSUNGSWEGE

Du bist kein Opfer der Umstände. Du hast die Möglichkeit, Verantwortung für dein Handeln zu übernehmen und aktiv nach Lösungen zu suchen.

4. HILFE UND UNTERSTÜTZUNG

Wenn es zu viel ist, dann bitte um Hilfe und Unterstützung.

5. GRENZEN SETZEN

Du darfst Nein sagen. Deine Grenzen sind wertvoll und sollten geschützt werden.

6. GESUNDER EGOISMUS

Achte auf eine gute Selbstfürsorge. Dein Energiefass bleibt nur gefüllt, wenn du regelmäßig an der Zapfsäule Halt machst.

*Du wirst deinen ganz persönlichen Weg finden.
Darauf darfst du vertrauen*

Hallo und willkommen zu unserer letzten gemeinsamen Einheit auf deinem Weg in ein stressfreies Leben. Okay, ich korrigiere – in ein stressfreieres Leben. Denn leider sind auch die besten Anti-Stress-Strategien keine Garantie dafür, dass es in Zukunft keine hektischen Zeiten mehr geben wird. Aber – und das kann ich dir versprechen – je mehr du dich mit deinem Stressmanagement auseinandersetzt und an deiner Resilienz arbeitest, desto weniger hat Stress eine Chance, ein dauerhafter Begleiter in deinem Leben zu sein. Und das ist es, worauf es ankommt. Heute wollen wir noch einmal zurückschauen auf das, was wir erarbeitet haben. Das Ziel unserer gemeinsamen Reise war ja, deinen persönlichen Stressoren auf die Spur zu kommen und dein Stressmanagement zu verbessern. Und das immer mit dem Wissen im Hinterkopf, dass Stress etwas sehr Individuelles ist. Also, die folgenden möglichen Stressoren solltest du stets im Auge behalten, wenn du merkst, dass dein Stresspegel wieder droht, dauerhaft zu hoch zu sein.

Physikalische und sensorische Stressoren, wie zum Beispiel Lärm, Hitze, Kälte, Nässe und andere Umweltreize
Körperliche Stressoren, wie Hunger, Durst, zu wenig, zu schlechter oder zu unregelmäßiger Schlaf oder Verletzungen, Krankheit und Schmerzen
Leistungs- und soziale Stressoren, wie zum Beispiel Konkurrenz mit anderen Menschen, Zeitdruck, Über- und Unterforderung oder zwischenmenschliche Konflikte

Lebensverändernde und kritische Ereignisse, wie der Verlust von Bezugspersonen, der Verlust einer wichtigen Rolle im sozialen Umfeld, Jobverlust oder die plötzliche Einschränkung der Gesundheit

Kritische Übergänge im Lebenslauf, wie zum Beispiel die Pubertät, der Übergang in das selbstständige Leben außerhalb des Elternhauses, die Menopause oder Ein- und Ausstieg in den Beruf

Chronische Spannungen und Belastungen im Alltag, wie der Zeitverlust, wenn du an der überfüllten Supermarktkasse stehst, die Unzufriedenheit mit deinem Äußeren, der Rollenverteilung im Job oder in deiner Familie oder auch finanzielle Sorgen

Dein Stresstagebuch hat dir in den letzten 30 Tagen hierzu schon ganz viel Klarheit verschafft, und das wird es auch in Zukunft tun, wenn du es weiterhin führst. Genau das möchte ich dir heute noch einmal wirklich ans Herz legen – denn wie gesagt, nur wenn du deine persönlichen Stressauslöser kennst, kannst du sie mit den entsprechenden Gegenmaßnahmen in den Griff bekommen. Und auch hier gilt: Das, was dir hilft, ist das Richtige. Wenn du in den letzten Wochen also festgestellt hast, dass Bewegung und Sport für dich wesentlich effektiver sind, um Stress abzubauen, als eine ruhige Auszeit oder eine Atemübung, dann los! Lauf, spring und tanz, was das Zeug hält. Oder wenn du gemerkt hast, dass ein gutes Buch, die Kuscheldecke und absolute Ruhe eine Kombi ist, die dich entspannen lässt, dann sollte dies auf jeden Fall regelmäßig Platz in deinem Alltag haben. Es ist ganz egal, welche Aktivitäten oder Übungen dir helfen, Stress abzubauen, du musst sie nur für dich finden. Und: Sie können dauerhaft nur funktionieren, wenn du sie zu Routinen werden lässt und damit zu einem festen Bestandteil deines Lebens machst.

Allerdings greifen die Gegenmaßnahmen auch nur, wenn du grundsätzlich deine Strukturen im Blick behältst und deine To-do-Listen und deinen Wochenplan realistisch und umsetzbar gestaltest. Sonst bleibt nämlich bald wieder keine Zeit für die Dinge, die dir guttun, und du bist schnell wieder in den alten Mustern gefangen. Deshalb ist dein Wochenplan neben dem Stresstagebuch der zweite wichtige Helfer auf deinem Weg in ein stressfreies Leben. Und bitte, bitte, bitte: Wenn es doch mal zu viel wird, dann ist der richtige Moment gekommen, Dinge abzugeben, um Hilfe zu bitten und klar zu kommunizieren, dass für noch mehr Aufgaben kein Platz ist. Erinnere dich in diesen Situationen an dein Energiefass und vor allem daran, dass du genügend Zeitfenster schaffst, in denen es wieder aufgefüllt werden kann. Also, wenn du in Zukunft merkst, dass dich etwas stresst, dann hinterfrag die Umstände ehrlich:

1. Empfindest du den Stress als negativ oder als positiv?
2. Handelt es sich um einen dauerhaften Stressor oder um eine kurzfristige Stresssituation?
3. Musst du deine Strukturen und deinen Wochenplan vielleicht neu überdenken und ändern, um diese Situation zu meistern?
4. Welche Strategien oder Übungen können dir helfen, mit dem Stress umzugehen?
5. Welche deiner Fähigkeiten könnten dir von Nutzen sein, um diese Situation zu meistern?

6. Hast du ausreichend Zeit für dich und die Dinge, die dir guttun, eingeplant?
7. Achtest du gerade auf eine gesunde Schlafroutine, und ernährst du dich ausgewogen und frisch?
8. Von welchen To-dos und Verpflichtungen könntest du dich trennen, um Platz für die aktuellen Aufgaben zu schaffen?

Für Umgang mit Stress und ein gesundes Stressmanagement gibt es keine Patentlösung! Je nach Lebensabschnitt und Situation kannst und solltest du deine Anti-Stress-Strategien überprüfen und neu entscheiden, was dir jetzt helfen könnte. Und bitte vergiss nie: Du bist wichtig, und deine Gesundheit ist es auch. Deshalb möchte ich dir am Ende eigentlich nur noch einen Rat mit auf den Weg geben: Dein Wert hängt nicht davon ab, wie viel mehr du wuppst als andere! Wir haben alle nur dieses eine Leben, und das sollten wir in vollen Zügen genießen und auskosten. Und ja, es gibt eine Menge Verpflichtungen und To-dos, die uns täglich umtreiben. Das ist aber noch lange kein Grund, die eigenen Bedürfnisse immer hintanzustellen. Es liegt zum größten Teil in deiner Hand, wie viel Raum der Stress in deinem Leben einnimmt, und vor allem entscheidest du, ob du ihn das Kommando übernehmen lässt.

So, und damit entlasse ich dich aus deinem 30-Tage-Coaching. Wenn du möchtest, sehen wir uns wieder. Hier, auf doktorwimmer.de, auf Facebook, Instagram, TikTok oder auf YouTube!

IMPRESSUM

© 2023 GRÄFE UND
UNZER VERLAG GmbH, München

Alle Rechte vorbehalten. Nachdruck, auch auszugsweise, sowie Verbreitung durch Bild, Funk, Fernsehen und Internet, durch fotomechanische Wiedergabe, Tonträger und Datenverarbeitungssysteme jeder Art nur mit schriftlicher Genehmigung des Verlages.

Unter Mitarbeit von Anne-Kristin Kastens

Projektleitung: Franziska Daub
Bildredaktion: Nele Schneidewind
Umschlaggestaltung und Layout:
ki36 Editorial Design, München, Sabine Skrobek, Lea Thon, Franziska Misselwitz
Herstellung: Markus Plötz
Satz: Nadine Thiel, Baldham
Repro: Ludwig Media, Zell am See
Druck und Bindung: F&W Medien, Kienberg

ISBN 978-3-8338-8749-9

1. Auflage 2023

Die GU-Homepage finden Sie unter www.gu.de

Bildnachweis
Cover: aempathy
Illustrationen und Grafiken:
ki36 Editorial Design, Lea Thon, Franziska Misselwitz
Autorenfoto: aempathy

Umwelthinweis
Nachhaltigkeit ist uns sehr wichtig. Der Rohstoff Papier ist in der Buchproduktion hierfür von entscheidender Bedeutung. Daher ist dieses Buch auf PEFC-zertifiziertem Papier gedruckt. PEFC garantiert, dass ökologische, soziale und ökonomische Aspekte in der Verarbeitungskette unabhängig überwacht werden und lückenlos nachvollziehbar sind.

Ein Unternehmen der
GANSKE VERLAGSGRUPPE